JN130513

シリーズ
特別支援教育「鉄壁の法則」

特別支援学級「感動の教室」づくり
定石&改革ポイント

小野隆行
Ono Takayuki

GAKUGEI MIRAISHA

まえがき――「仮面ライダーの師匠」、A君のこと

ある日の職員室でのこと。

前年までいた男の子、A君のことが話題になった。

彼はとても荒れていて、大変な六年生の男の子だった。

新学期になり、最初は座って勉強していたが、一ヵ月ほどすると教室を飛び出すようになり、そのうち、勉強中の他の教室に乱入するようになった。教師が注意すれば、叫んで逃げる。毎日がその繰り返しであった。

ASD・ADHDの診断もある。愛着障害の可能性が高い子である。

保護者は、個別の取り出しも支援学級への転籍も認めない。一方、学校側はどうしようもないからと、彼を別室で過ごさせていた。そのことを知り、怒って乗り込んできた保護者に現状を伝えると、教師が甘やかすからだと言う。

福祉事務所も児童相談所も教育委員会も総動員して対応していた。外に出すと事件が起こるので、授業中は職員室で監視していた。それでも事件は山ほど起こり、学校への、様々な関係機関からのクレームは殺到していた。結局、彼は三学期の途中で施設へ行くことになった。

私は朝と昼休みに毎日、彼と遊んだ。彼がはまっていたのは、私の四歳の息子と同じ仮面ライダーだった。身体は大きいが、精神レベルはほとんど同じなのだ。

私は彼を「仮面ライダーの師匠」と呼び、毎日、仮面ライダーのことを教えてもらった。

根気強く、何があってもあきらめずに関わりをもち続けて、その間に挨拶をすること、悪いことをしたらあやまることなど、大事なことを教えて褒めた。だから、私の教室には、「失礼します。入っていいですか」と言って入れるようになったが、他の場所では難しかった。

やっていることのほとんどは、わざとではなかった。しかし、まわりの大人は「六年生だから」と叱責する。本人は、なぜ叱られたのかがわからない。残るのは、叱られたという事実だけである。だから、余計に繰り返す。そして、叱責される。その繰り返しであった。次第に、目はつりあがっていった。

ある日の夜。家で暴れて警察が介入する事態になり、彼は児童相談所へ一時預かりになることが決まった。翌日の朝、A君は児童相談所へ行く前に、職員室に残されていた自分の荷物を取りに、学校にやってきた。職員室に行く前に私の教室に寄った彼は、教室の入り口でこう言った。

先生、ありがとう。

理由を聞くと、「いっぱいしゃべってくれたから」と言う。児童相談所へ行くから、もう先生に会えない。だから、最後の挨拶に来たのだという。涙があふれた。

固く手を握って、良いところをたくさん話して、励ました。彼は、赤ん坊のような柔和な顔になっていた。

そして、その後に行った職員室で自分の思い通りにならないことがあって、大暴れした。

そのA君のことが話題になった時、多くの教員は次のように言った。

去年のA君のようにどうしようもない、指導のしようもない子がいたら、どうするのか。小野さん

は医療につなげること、環境を整えることと言っていたが、それでも上手くいかない子がいる。そこをなんとかしないと問題は解決しないと思う。

私への批判ではない。どうすればいいのかという思いからの発言であった。

しかし、どうしても納得がいかなかった。私はこう答えた。


環境というのは、私達、教師も入ります。だから、問われているのは、私達がどのように対応するか、指導を考えるかです。

A君は、診断が降りて、状態がわかっていました。大変なこともわかっていました。しかし、は、その障害についてどれだけ事前に調べたのでしょうか。私は相談を受け、方針を示しました。ちょうど夏休みもありましたので、基本となる本も何冊か紹介しました。

しかし、読まれた形跡はありませんでした。指導も集団に示しがつかないからと、発達に合っていない方法が多くありました。医療機関のアドバイスとは全く違った方法です。

彼に対応した教員みながそうです。準備をしましたか。経験則だけで対応しようとしましたね。何度か研修や通信で方針も紹介しました。本も紹介しました。

しかし、本気になった方はいたでしょうか?

私達が忘れてはいけないことは、「彼が最初の一ヵ月は学習に取り組んでいた」ということです。

彼も今度は頑張ってみようと思ったのです。しかし、だんだんとノートの字が乱れていき、書く量が減り、そしてやらなくなっていったのです。そんなふうになったのは、最初からではないのです。そして、私のところでは、ルールを守っていたのです。

やったことは、「教えて・やらせて・褒める」の繰り返しです。それだけです。

二度とあのような子を生み出してはいけない。

子どもだけに原因を求めては良くなりません。変わるべきはこちらです。


一五年前、初めて反抗挑戦性障害の子を担任した時、学校中が「あの子はどうしようもない」と言っていた。その時と何も変わっていないと思った。

「このような教育界を変えたい」――その時、私はそう誓った。

私は初めて特別支援学級の担当になった時のことが忘れられない。

毎日震えるように学校に来る子、行事が近づくたびに恐怖でパニック症状が出る子。この子達はなぜ、ここまで苦しい思いをしなくてはいけけのかと毎日悩んだ。

そして、この子達を苦しめる原因の多くは、私達、教師側に問題があるということがわかった。今まで特別支援学級であたりまえのように行われていた指導がどれほど非科学的な行為であるのか、子どもを傷つけているのか。特別支援学級とはいったい何なのだろうか。そのような現場への憤りが、本書を執筆する原動力となった。

本書によって、少しでも現場が変わり、子どもが変わり、日本の特別新教育が一歩でも二歩でも前進することになれば幸いである。

小野隆行

目次

I

特別支援学級「鉄壁の原則」

第1章

特別支援学級にこそ必要な向山型指導

1　授業システム①――「待たない」システムで子どもを集中させる

一　支援学級でも待たない

特別支援学級（自閉症・情緒）を担当して、両方に共通の「授業が安定する」システムが多くあることがわかった。

もっとも大きなシステムは、

授業開始は待たない。


ということである。

支援学級では、学年も教科も児童によってバラバラである。そんな時に役立つのが、この「待たない」というシステムである。

教科によって授業最初の活動は決まっているので、チャイムがなったら、次のように言う。

「準備ができた人からいらっしゃい」

算数であれば、ノートに「日付け」と「ページ」が書けたら持ってくる。国語であれば、漢字スキルを持ってくる。

ここでは、今日、学習する場所を確認するだけ。多くの場合、「先生、ここですか?」と子どもから言ってくる。だから、授業が始まって最初の頃は、私は次のような発言をしている。

一　A君は、もう始めた。偉い！
二　B君も始めました。
三　C君、集中しているなあ。

そのうち、だんだんと集中状態になってくる。

これが、全員が揃うまで待っていると、大変なことになる。常に、「早くしなさい！」「うるさい」などと大声を出さなくてはいけなくなる。

これが、特別支援学級で多く見られる様子である。あれだけ、環境面を整えることが大切と言っているにもかかわらず、もっとも大切な学習時間のスタートの環境を整えていないのだ。

このことを徹底するだけで、多くの支援学級は変化すると私は考えている。

二　通常学級ならもっと効果的

通常学級であれば、もっと効果的である。それは、全員が同じ学習をしているからである。その方が、全員を巻き込みやすい。

できれば、視覚的にも聴覚的にも刺激を発する方が、効果が高い。

ＴＯＳＳには、ぴったりの教材・教具が多くある。

一　一分間フラッシュカード
二　百玉そろばん

三　話す聞くスキル
四　五色百人一首
五　暗唱詩文集

どれもいきなり活動から始めることができ、遅れた子も自然に巻き込むようになっている。

活動することで、脳の線条体に働きかけることになる。やる気は、この線条体から出る。活動は、やる気を出す条件なのだ。

2　授業システム②――システムがあるから子どもが満足する

一　一五人でも混乱なし

修学旅行の引率で、隣のクラスの特別支援学級担任が、二日間不在となった。そこで、残った子は、私の学級で過ごすことになった。

私の学級は八人で定員いっぱいの状態。そこに、隣のクラスの六人がやってくる。さらに、来年度の支援学級入級のための練習で、通常学級から一人、私の学級へ入っている。つまり、一五人の子ども達を、朝から夕方までずっと指導することになったのだ。

支援員が二人入ったが、それでもありえない人数である。通常学級でいえば、三クラスの子ども達へ指導しているような感覚だ。

そのような状況でも、全く混乱はなかった。それどころか、普段より集中して学習に取り組んだ子もいた。

そのような事実が生まれたのは、システムに要因がある。

二　頑張れば得をするシステム

隣のクラスの子達は、自習の内容を決められている。

> 用意ができた人から持っていらっしゃい。

授業と同時にこう指示して、持ってきた子から力強く褒めていった。

持っていくだけで褒められるのだから、遅れていた子も、次々と課題を持ってきはじめた。

さらに、持ってきた子に対して、「ここまでできたら持ってきなさい」と、学習範囲を赤で視覚的に示した。

一〇〇問を一枚よりも、一〇問を一〇枚の方が、子ども達の集中度は高まる。

そして、次の三つのことを全体に聞こえるように褒めた。

> 一　できて持ってきたこと
> 二　質問にきたこと
> 三　間違いをやり直したこと

これで、子ども達がどんな状態になっても対応できるシステムができた。

そして、早く終わった子は、休憩となる。いくら早く終わっても追加の課題は出さない。

そして、休憩の方法を教える。「声を出さない」「机についてできることをする」などである。

これで、子ども達は次のシステムを学んだことになる。


早く始めれば得をする。


このことを一時間目の体験から理解したわけである。こういうことは言葉だけで言っても効果は少ない。実際に体験するからこそ、子どもは腹の底から実感するわけだ。

二時間目からは、子どもの姿が激変する。チャイムと同時に、次々と課題を自分から持ってくる子が出てきたのだ。それを取り上げて、もちろん褒める。

頑張れば得をするシステムが二時間でできた。二日間、子ども達はニコニコで過ごした。

3 授業システム③――見通しをもたせる

一　見通しをもてると学習が安定する

システムを作るということは、子ども達に見通しをもたせるということである。

そして、見通しがもてるとは、例えば次のようなことがわかるということである。

一　授業の最初は何をするか。
二　一時間の学習がどのように進むのか。
三　それぞれの学習で、何をどれだけやるのか。
四　それぞれの学習を。どれぐらいの時間で行うのか。
五　学習で必要な準備物。
六　忘れ物をした時にどうするのか。

このようなことを、クラスの発達障害の子がすらすら言えるだろうか。

それができれば、学習は安定しているはずである。

二　支援学級でも自習が可能

特別支援学級では、見通しをもたせることが特に重要だ。

その時間になって、「今日はこれをやろうか？」と決めていたら、情緒的に安定しない。しかし、同じ内容であっても、初めから自分で予測していたことはすんなりできる。だから、予定の変更は避けなければならない。

支援学級を担当していて困るのが、担任が不在の時である。急に担任が休みをとらなければならないような時は、子どもも補教に入る教師も大変だ。私も身内の不幸や家族の病気などが重なり、急に三、四日休みをとらないといけないことがあった。

その時、私がお願いしたのは、

「いつも通り、子どもに進めさせてください」

という一言だけであった。

例えば、国語なら、
①「漢字スキル三文字」
②「教科書音読」
③「うつしまるくん」
というように、自分で進めていくのである。

これは、次のことを子どもが理解しているからできるのだ。

それぞれの教科で、何をどれだけやるのか。

もちろん、子どもの状態が違うので、同じ学年でも同じ教科でも、個々によってやることは違う。だから、それぞれが自分の学習内容と量を把握している必要がある。

また、漢字スキルの学習でも、ページによって行う学習が変わってくる。

それでも、対応できるというのは、一時間だけでなく、学習のシステムが理解できていることになる。

教科を指定しただけで、担任不在の四日間を子ども達が中心となって、自習を進めていた。

見通しをもたせることで、特別支援学級でも自習ができるようになるのである。

4 授業システム④――教科書の読み方を教える

一　簡単な問題でパニックになる

同じ学年の先生からもらった算数プリントを宿題に出すと、自閉症スペクトラムの了がパニックになった。家でお母さんと格闘したらしく、プリントには何度も消した跡と、見るからにイライラしたのがわかる字が書かれていた。

お母さんの解釈は、こうだった。

一　文章を読もうとしない。
二　わり算かかけ算かわかっていない。
三　わり算を理解していないから、学校できちんと教えてほしい。

その子が躓いたのは、次の問題だった。

一　チョコレートが12こあります。
①４人に同じ数ずつ分けると、１人何こになりますか。
【式・答えの欄（省略）】
②１人４こずつ分けていくと、何人に分けられますか。

【式・答えの欄（省略）】 ——啓林館3年指導書「別冊2　コピー資料集」（p.24）
この子は、①の問題はできていた。「式12÷4＝3　答え3こ」となる。
できなくてパニックになったのは、②の問題であった。

二　誤答から理由を考える

パニックになったのはなぜか。その子の誤答から考えてみる。
同じ問題に何度もチャレンジしたが、以下のように間違えていた。

【誤答(1)(2)】
式　4÷1＝4　　答え　4人
式　1×4＝4　　答え　4人

②の問題文の中に「1」と「4」の二つの数字があるため、それを使って立式しようとしたことがわかる。
これで「違う」と言われたから、この子は次のように立式した。

【誤答(3)】
式　4÷4＝1　　答え　1

これはどうだろうか。「４」という数字が二つ出てきた。これは問題②の中には出てこない。どこからもってきたのか。よく見ると、①の問題文の中に「４」という数字が出てくる。これを引っ張ってきたのだ。

これらの誤答から、私はすぐに間違いの原因がピンときた。

「一　チョコレートが12こあります」という最初の文が、②の問題にもかかるということを理解していない。確かにプリントを見てみると、最初の文と①の問題文はくっついている。しかし、①と②の問題の間には、スペースがある。だから、別の問題と認識したのである。

子どもに確認してみると、やはりそのことがわかっていなかった。

授業では、教師がその部分を補って読んでいたから、わかっていないということに気づいていなかったのだ。

つまり、過保護に丁寧に教えることで、その問題はわかっていても、テキストの読み方をわかっていなかったのだ。

三　テキストの読み方を教える

プリントを使って、問題の読み方を指導した。

問題が①、②と分れている時には、最初の文を読んでから、②の文を読んでいく。プリントでテキストの読み方を教え、その後で教科書を使って習熟させた。

教科書の最初のページから、同じような形になっているページを探させた。すると、啓林館の教科書にはそのようなタイプの問題がたくさんあることがわかった。

見つけるたびに、その子は「あった」「これもだ」などと、宝でも発見するように楽しんでいた。問題を見つけるたびに、②にあたる問題文を読ませて立式させていくと、どの問題もすぐにできた。

今度は、支援学級の同級生の子を集めて、冒頭に述べたパニックになった児童に、同じように説明させた。その子に、②の問題だけを読む「よくない読み方」をさせて、どこがよくないのかを他の子に考えさせた。その子は家でイライラしたのが嘘のようにニコニコ顔になっていた。

そして、全員でテキストの読み方を学習した。

ちなみに、この単元のテストは平均95点だった。通常学級よりはるかに高い平均点である。問題がわからないのではなく、テキストの読み方で躓いている子はかなり多いはずである。

四　子どもだけで進める習字の授業システム

ある年のことである。

二学期の終わりであるが、三年生の学習がほぼ終了した。「ほぼ」というのは、交流学級で学習している内容は、まだ二学期の内容をしているということである。授業が予定通り進まず、学習の進度が遅れることがあると聞く。

私が指導している教科は二学期を終えて、とっくに三学期に入っている。算数は、もう三学期の三単元分が終了して、残りは大きな単元は一つぐらいしか残っていない。

国語も三学期教材に入っているが、進みすぎているので半分ぐらいの時間で書き初めの指導を行っている。

書き初めの指導もシステムにしておくと楽である。そして上達する。

国語の余り時間はいつも、小筆を使って名前を書く練習にあてている。三年生は習字を始めたばかりで、小筆がなかなか上達しない。それをこの時間を使って練習する。

小筆だけなのでほとんど墨汁を使わないし、準備も片付けも簡単だから、手軽にできる。

まず、半紙を半分に切る。それを折って三つのスペースを作り、三回書いたら持ってくるシステムにしている。半紙は切らなければ六つ書けるのだが、三つずつの方が雑にならないのでこうしている。

三回ほどの練習でかなり上達した。

書き初めは次のステップで行っている。

①一文字ずつ　半紙に練習　↓　合格したら次の文字に進む。（チェック項目：大きさ・太さ・バランス）
②お手本を下に敷いて　長半紙の練習用紙に練習。
③お手本を横に置いて　長半紙の練習用紙に練習。
④清書用紙に清書。

このステップの全部に意味がある。
①は、その文字自体の練習。
②は、位置とバランスをなぞっての練習。
③は、実際に書いてみる。
④は、作品を仕上げる。
そして、名前は練習の長半紙から書かせていく（もっとも、名前を上手に書く練習は終えている）。

これらをすべて自動で、子ども達だけで進めていく。私はチェックするだけである。

それで他のクラスより、全体的に良い字になる。

5 「教えて褒める」が基本方針

一　教えて褒めることは不可能か

発達障害の子への指導方針は「教えて褒める」ことである。

発達障害をもつ小学校六年生の男の子が「夏休みの宿題」で自分の体験を五〇ページほどのレポートにまとめた冊子、『発達障がい児 本人の訴え』（東京教育技術研究所）の著者、龍馬君の訴えのほとんどは、この「教えて褒める」ことで解消される。

例えば、「自分の声の大きさがわからない」という事例では、「手の幅で『このくらい、このくらい』と見えるように知らせてください」と龍馬君自身が述べている。これで、龍馬君は混乱することなくできるようになるのだ。つまり、教師の指導によって、発達障害の子は良くも悪くもなるということがわかる。

しかし、龍馬君の冊子と、教えて褒めるという言葉が出された時に、私は次のような危惧を抱いた。

一　障害児は一人一人違う。龍馬君の訴えは、龍馬君の個別の事例である。
二　四〇人学級の中で、龍馬君のような子を、常に「教えて褒める」ことは不可能だという意見が出る。

実際に、特別支援教育の中で、常に問題として挙げられていることである。

一については、担当する発達障害の子にそれとなく聞いてみた。すると、ほとんどの事例で、自分も困っているという意見が出された。ちなみに、どの子も通常学級に在籍した経験のある子ばかりである。

また、二のような意見を言う教師は、次のような思考で頭が凝り固まっている。

〝集団を指導する時に、できる子に合わせるのか、できない子に合わせるのか。どちらかを考えなくてはいけない〟

だから、「発達障害の子に合わせた指導を行うと、他の子が犠牲になってしまう」などという暴論を平気で口にする。この意見に、正面から答えなければ、「教えて褒める」ことが広がっていかないのである。

二　教えて褒めるという意味

「教えて褒める」という言葉の「教える」とは、どんな行為を指すのだろうか。

まず、文字通り「教師が教える」という行為がある。ただ、教えるという行為がこれだけだと、集団の中で教えることには限界がある。だから当然、「教える」には別の行為がある。

写真の読み取りの学習で考えてみよう。

教師が直接教えなくても、子ども達の意見はどんどん増えていく。これはなぜか。

それは、自分にはなかった視点を、他の子から取り入れるからである。「青色がある」という意見を聞くことで、「色」というコードを知る。だから、次々と自分の意見を増やすことができる。

これは、「他の子のコードを取り入れる」ように、教師が意図をもって行った指導である。だから、間接的に「教えた」ことになる。

このような指導が向山型には多く存在する。「理科２ページまとめ」「長く書く作文」などが代表的である。

「個別評定」での学習も、基本的に同じ意図がある。つまり、良いところをマネできる状態を創っている。

これと正反対の事例が、先ほどの『発達障がい児 本人の訴え』の中に出てくる。

「自分で考えなさい」とか「自由にやりなさい」とか「自主性に任せている」とか言わないでほしいです。


龍馬君は教師に、きちんと教えてほしいと訴えているのだ。

支援学級に在籍する子の中には、通常学級で情緒がズタズタになって転籍してきた子がいる。その子達は、「人のマネをすることへの罪悪感」をもっていることが多い。「自分で考えなさい」という指導で、「自分で考えられない＝ダメな人間だ」という思考に陥っているのだ。教師が発する言葉の責任は重い。

わからない時には、人の真似をすれば大丈夫だ――。このような安心感があるから、自分で挑戦してみようという気持ちが起こる。

教室は、「教えて褒める」ことが保証された場でないといけない。このことを、これからも訴え続けていく。

6 「体感させる」――発達障害の子への指導は向山氏の跳び箱指導が原点

一　向山氏の跳び箱指導が原点

発達障害の子を指導する時、私の基本的な考え方の原点になっている実践がある。それが、向山氏の跳び箱の指導である。


跳び箱を跳ばせるためには、腕を支点とした体重移動を体感させればいいのです。

――『跳び箱は誰でも跳ばせられる』明治図書出版（p.13）

この指導のキーワードは何だろうか。多くの人は、「腕を支点とした体重移動」という部分に目をつけるだろう。しかし、私はずっと引っかかっていた。

なぜ、「腕を支点とした体重移動を教える」と言わないのだろうか。

「教える」を「させる」としてもいい。しかし、向山氏はそうは言っていない。あくまでも「体感させる」と述べているのだ。このことから、私は一つの仮説を考えついた。

子どもは、体感しなければ、理解できない。

例えば、自転車に乗れない子に、自転車に乗る時の平衡感覚を言葉で説明しても、わかるはずがない。あの独特のバランスのとり方、力の入れ方を体感するために、最初は補助輪付きの自転車で練習する。そして、今度は片方の補助輪を外して乗ってみる。そうやって、独特の感覚を身につけていく。つまり、正しい乗り方を体感していく中で、できるようになっていくのである。
学習するということは、同じような原理に支えられているのではないかと考えた。
そこから、私の実践は広がっていった。

二　体感させるということの意味

「体感させる」というキーワードをもってから、発達障害の子への指導が驚くほど安定した。

力のある教師の学級でも、発達障害の子への指導やモンスターペアレントなどの影響で、学級がうまくいかないことがある。これを、新型学級崩壊という。「体感させる」ということは、新型学級崩壊への対応にもつながっているのではと感じている。

例えば、自閉症の子への指導で、「肩もみ実践」がある。子どもに肩もみをさせながら、力のコントロールを学ばせていったというものである。

最初は、大人の私でさえ悲鳴をあげるほど強い力で揉もうとしていた。その力が、「強すぎる」ということがわからなかったのである。

そこで、「これは中学生の力」「これが、友達と遊んだりする時の強さだよ」と実際に体感させながら、指導していった。すると一～二ヵ月で、「A君が急に強くにぎってきた」という周りの子の訴えがなくなった。

同じような例で、龍馬君の「声の大きさがわからない」というものがある。これも実際に体感することで、理解できるようになっていく。

このように体感させれば、問題とされていたことが、なくなっていったという例はたくさんある。

しかし、実際の学校生活はどうだろうか。「体感させる」というキーワードで見てみればいい。どれだけ、正反対の指導が多いことか。

問題解決学習などは、その最たるものだ。「自分で考えなさい」と言っても、体感したことがなければ、考えようがないのだ。

では、自分の実践はどうだろうか。

次を指標にして考えてほしい。

常に、体感させて理解させる指導になっていますか?

私は、「集中する」ということも体感させて教える。

「うつしまるくん」でシーンとなった時に、「これが集中した状態というのですよ」と教えるのだ。こう言うと、「ふーん」と頷く子がいる。つまり、「集中した状態」がわかっていないのだ。体感させるというのは、ここまでを言う。

向山氏の指導は、常に「体感」がある。私の発達障害の子への指導にも、常に「体感」がある。だから、子どもが変化していくのだ。

7　「集団の力」で問題を解決する

一　個々では解決しないトラブル

自閉症スペクトラムの六年生二人がよくトラブルになっていた。

A君はとても周りが気になる子だった。だから、人の失敗や間違いをすぐに指摘する。そのことで、トラブルによくなっていた。しかし、注意すると固まって指導が入らなくなってしまう。

もう一人のB君は、同年齢の子に比べて趣味や思考が幼い面があった。そして、周りをほとんど気にしない子だった。だから、いったんイライラすると、周りのことは全く目に入らなくなり、飛び出したり大声でわめくこともよくあった。こうなると、クールダウンするまで時間がかかった。

調子が良い時には、二人とも相手にやさしく接することができていた。しかし、ちょっと自分に不安があったりイライラしていると、トラブルに発展した。だいたい、次のようなパターンだ。

①B君が、大きな声で「この漫画は最高に面白い」などと言う。
②それに対して、「そうかな？　全然面白くないよ、そんなの」とA君。
③B君が「何でそんなこと言うんだ」とキレる。
④「本当のことなのに、怒る方がおかしい。うざい」とA君が逆に怒る。

こうやってトラブルになり、個々に呼んで話しても、なかなか解決しなかった。

二　個々の課題に集団の力を使う

二人だけでなく、特別支援学級の他の六年生の子ども達を集めて道徳の授業を行った。

「うざい」という言葉をよく聞きます。
言われたことがある人？（全員）
言ったことがある人？（全員）

みんな言われたことも言ったこともあるということを確認した。そして、次のように聞いた。

理由があれば言っても良いですよね。

こう言うと、みんなが「いいわけがない！」と興奮して否定した。さらに、「そんなことを言ってたら教師失格ですよ！」とまで言う。
それで、子ども達に次のように問いかけた。

「うざい」というのは、最低の言葉だね。
最低の言葉だということを（特別支援学級の）一年生にも教えたい。
みんなで一年生が納得するような説明の仕方を考えなさい。

最初に、言動の幼いB君が「言われたら傷つくよね」と切り出した。すると、すかさずA君が次のように言った。

それに、そんなふうに言う権利はない。

と、否定ではなく同意したのだ。
私はここで、いじめを受けていたある特別支援学級の男の子の事例を出した。その男の子は、次のようなことをされていた。

①ビックリさせて反応を笑う。
②好きな虫をバカにする。
③声や笑い方が変だとバカにする。

そして、そういう時に、特別支援学級の男の子に言っていた言葉が「うざい」だった。
ここで、「いじめていた子」→「いじめられた子」と黒板に板書し、次のように聞いた。

「うざい」という言葉は、この図のどこに入りますか？

最初、全員が「いじめられた子」の場所に「うざい」が入ると答えた。そこで、さらにこう聞き返した。

いじめられていた子が「うざい」というのは「事実」ですか？　それとも「考え」ですか？

こう聞くと、すぐに「考え」であること、「うざい」という言葉は「いじめていた子」の方に入ると答えた。

自分達が世の中の基準。そこからはずれたものを「うざい」と言っていることになりますね。

こう言うと、「考え方が幼いんだ！」とみんな憤慨していた。トラブルになりやすい二人の男の子達も一緒になって怒っていた。

ここで、もう一度次のことを確認した。

でもね、みんな言われたことがあるし、言ったこともあるんだよね。

今度は、どの子も表情が変わっていた。そして、次の四つのことを話した。

①人間だから思うことはあるかもしれない。しかし、「うざい」と口に出した瞬間に罪になる。
②もし自分が言われたら、「その人は幼いんだ」と思えば良い。
③それでも言ってしまったと気づいたら、後から「ゴメン」と謝ること。
④もし言われたとしたら、本心じゃないってわかるよね。つい、言ってしまったんだね。

これは全員に話しているのだが、①と③は否定してしまうA君に、②と④は言われる方のB君に向けてのメッセージになっている。
どの子も素直に聞いていた。
個々に指導するのではなく、集団の力を使うことで、驚くほど効果的な指導ができた。

三　「まねる」は指導の基本

三年生で校外にまで飛び出し、暴れ回っていた男の子がいる。何回もケース会を重ね、状態はかなり落ち着いてきた。

その子がある日、支援学級におためしで一時間やってきた。勉強にもほとんど取り組まず、初めてのことには固まる。こういう子に最初から勉強をさせるのは抵抗が大きい。

一番初めにチャレランを紹介した。一緒にやりながら説明していく。「一時に一事」である。すぐに理解した。

その日は、足し算の計算をしていくチャレランを行った。計算は苦手だと言うので、

子　迷路を進んでいくと、数字に出合う。
私　出てきた数字で足し算や引き算などの計算をする。
子　途中経過の点をメモする。

という役割を与えると、素直に取り組んだ。

面白いもので、やっていくうちに、ところどころ自分で計算する箇所も出てくる。「計算が自然にできるんだから、力がある証拠」などと褒める。最初は、「ぼく、力がない」のようなマイナス言葉がいくつかあったが、次第に聞かれなくなっていった。結局、九四点（一〇〇点が最高）を出し、喜んでいた。

不安傾向が強い子は、喜びを外に出すこと自体が最初は難しい。それを超えると、いろいろな指導が入っていく。

九四点のチャレランを、教室の後ろの黒板に「第一位」と書いて貼った。その子は、もう何とも言えない、かみしめるような表情で喜んでいた。

その後、支援学級に置いてある様々な教材や教具を紹介した。パズルに興味を示したので、一緒に国旗のパズルをした。

「途中で上手くいかない時、イライラするタイプ？」と聞くと「ちょっとある」と答えていた。

（本当は、相当イライラするタイプなのを知っている）

最初は一人でやっていたが、時間が足りなくなってきたので私も一緒に手伝い、なんとか時間ぎりぎりに完成した。

「間に合った！　大成功！」と私が言うと、自然にその子からも「やったあ」という声が出て、両手でガッツポーズをしていた。こうなるともう、指導が自然に入っていく。

こうやって活動を通して、関係を築いていく。最初は固まっていた子が、あっという間に引き込まれるのがチャレランだ。その引き込まれた状態で、必要な指導や関係を作っていく。このようなすぐれた教材の力は大きい。

そして、一時間落ち着いて活動ができたこと、集中して取り組んだこと、準備・片付けができたこと、先生の言うことを素直に聞いたことを一筆箋に書いて持たせた。

中身を本人の前で読んでいくと、顔をくしゃくしゃにして喜んでいた。自分の教室に帰る時には、なんと、「失礼しました」と言って教室を出ていった。達成感があったのだろう。

〝チャレラン→一筆箋〟という教材がなければこんなに簡単にはいかない。教材の力、指導のシステムは本当に凄いと思う。その後、職員室に行って指導の経過と様子を管理職に報告し、共有した。これでまた、管理職からもその子は褒めてもらえるだろう。

ここまでがおためし指導の基本システムである。

Ⅱ

支援学級の子ども達、そして保護者に正対する

第2章

正しい行動を定着させる教師のスキル

1　刺激を減らす

一　ほとんどしゃべらない

私の学級を参観した教師からよく言われるのが次の言葉だ。

小野先生は、授業中にほとんどしゃべりませんね。

この言葉から、次のことがはっきりわかる。
その教師の授業は、言葉が多すぎる――。
多くの教師は、次のことがわかっていない。

教師が発する言葉はすべて音声情報である。
言葉が増えれば増えるほど、子ども達が脳内で処理しなければならない情報が増えたことになる。

だから、「言葉を削る」のである。その方が圧倒的に子どもにはわかりやすいのだ。
向山型算数で行うと、今まで取り組めなかった発達障害の子が取り組むようになる。その大きな理由はここにある。そうでなければ、次のことが説明できない。

①技能が低い教師でも、成功するケースが多い。
②算数では成功しても、他の教科では上手くいかない。

向山型算数は、自然に言葉を削らなければならないようにシステム化されているのである。そのぐらい、言葉を削ることの意味は大きい。

私は、最初に発達障害の子を担当した時、このことに気づいた。領域や単元に関係なく、言葉を削ってシンプルに授業できた時には、荒れていた子が取り組んだからである。逆に、教材研究不足で説明が多くなった時は、簡単だと思った内容でもその子は机に突っ伏した。

そこから一年間、算数の授業だけ、自分が発する発問指示をすべて書き出す修業を始めた。するとその子は、他の教科まで安定して取り組むようになった。

私の仮説は正しかったわけだ。そこから模擬授業も含め、すべての授業が変化した。

リズムとテンポのようなものが自分でもわかるようになったのである。

二　ほとんど構わない

先生は、ほとんど特別支援の対応をしませんね。


これもよく言われる言葉である。

多くの教師が構い過ぎなのであろう。構わなくても収まっていくことならば放っておく。

これが対応の基本である。教師の対応も情報の一つである。だから、対応すればその分、子どもが処理する情報が増えるのである。これは、子役を通して学んだことである。

言葉も対応も削っていく。それが重要な視点である。

2　失敗体験を成功体験に変える

エラーレス・ラーニングが大事だということは、みんな知っている。しかし、それを実践するとなると、また別である。

特別支援学級の担任になり、様々なことに不安を抱える子ども達を担当している。通常学級のカリキュラムに合わせて動いている学校という組織の中では、どうしても失敗してしまうことが多い。その時に、どうやってエラーをさせないかが特別支援学級担任に問われている。

私は、さらにもう一歩進めて、「失敗」を「成功体験」にする学びの場にできないかと模索中である。

みなさんも一緒に考えてもらいたい。

一　遠足に一緒に行けない

交流学級に行くことに強い不安を抱える女の子がいた。

教室に近づくと、足が震えてくるのがわかる。普段は、無理をさせないようにしていた。自分で行けるようになれば、そこで学べばいいと考えていた。

普段はそのようにできていても、問題なのは行事である。

さっそく、遠足にどのように参加するかが問題になった。

Ａ子は、「遠足に行きたい」と言っている。昨年は、みんなの列の後を、担任の先生と一緒に歩いて行ったというので、今年もそのようにしようと相談していた。

しかし、直前になって問題が起こった。Ａ子が、「お弁当をグループで食べないといけない。どうしよう……」と言い出したのだ。仲の良い通常学級の友達から、お弁当は絶対グループで食べなくてはいけないと聞いたのだという。

このようなことがあれば、もう参加は難しくなる。「どうしよう、どうしよう」と悩んでいる。

さあ、どのような声かけをするだろうか。

二　納得するような趣意説明を行う

私は、次のように話した。

それは、〇〇先生が言ったことだよね。
〇〇先生は、交流の先生です。だから、誰に向かって話したことですか？（交流の人）
そうだね。だから、交流の人の約束です。
Ａ子ちゃんは、何組ですか？（支援学級一組）
では、約束を決める担任の先生は、誰ですか？（先生）
そうです。だから、先生が決めることなのです。そこを勘違いしてはいけません。

○○先生から、A子ちゃんはどこで食べるか、先生が決めてくださいと言われています。
だから、どこで食べるか決めましょう。

このように淡々と話した。このような趣意説明があると納得する。納得した後は、すっきりとした表情に変わった。

三　趣意説明にもコツがある

なぜ、この趣意説明で納得できたのだろうか。趣意説明で良くないのは、

○○されると、どんな気持ちがするかな？

などと気持ちを問うような話し方である。

そもそも相手の気持ちを汲み取れないのが障害なのである。余計に混乱させるだけである。

今回の説明では、

交流学級……交流学級の先生の言うことが一番。

支援学級……支援学級の先生の言うことが一番。

ということを強調している。つまり、

このことはもう最初から決まっていて、考えても変わることではない。


ということを伝えているのだ。

このような思考になれば、納得するのである。

四　失敗を学びの場にする

この出来事で、通常学級担任の時には当たり前のように出していた指示が、ここまで子どもを不安にさせていたと初めて気づいた。全体に指示を出す者は、ここまで見通しをもって考えていなければならない。軽々しく、「絶対」とか「みんな」などという言葉は使うべきではない。

マイナスのことをインプットするのは、あっという間だが、それを取り去るためにかかる時間と労力は、大変なものになる。また、このようなエラーを事前に察知する意識も教師には必要であると強く感じた。

今回の出来事を、納得させただけで終わってはもったいない。次への学びの機会にできるかどうかがもっとも大切な視点である。私は、趣意説明の後、次のように付け加えた。


これから先、いろんな交流での約束やルールがあるけど、支援学級では違うことがあります。心配な時には、こうやって聞くといいね。

良い勉強になりましたね。


不安に思ったことを解決するだけではなく、学びの場とすることで、エラーから成功体験へと変化させることができる。
学校は、いろいろなエラーが起こる場である。
「学びの場にする」——。
これがキーワードである。

3　マイナスの感情をプラスに変える言葉かけの工夫

一　喧嘩両成敗が通用しないのではない

発達障害の子への喧嘩両成敗は難しい。
それは、次のような状態になりやすいからだ。

喧嘩の理由を聞いていると、自分の話している言葉でさらにイライラした状態になっていく。

さらに、こだわりが強いので、だんだんと収拾がつかなくなる。だから、次のような言葉を聞くこともある。

この子には、喧嘩両成敗が通用しない。

少なくとも、一〇年前には絶対に聞かなかった言葉である。

それは、なぜだろうか。考えてもらいたい。発達障害の子が増えたということだろうか。

そうではない。


「発達障害」という概念を知ったから。


これが原因である。つまり、「発達障害の子だから無理なのだ」という考えである。

かつては、うまくいかないのは自分の技量のせいだと、みなが考えていた。それが最近では、障害のせいにされることが多いのである。

これは喧嘩両成敗だけでなく、学習においても生活指導においても同じである。

だから、私は学校でもっとも大変だと言われる子を担当し、事実を示してきた。

担当したどんな大変な子も、喧嘩両成敗で成功した。


喧嘩両成敗が通用しないのではない。

教師の技量が通用しないのである。


このことを忘れてはいけない。

二　言葉はループする

喧嘩両成敗が失敗するのは、自分の言葉でさらにイライラが増えていくことが原因だった。

このことの原理を考えてみる。

マイナスの感情は、自分の言葉を通して、音声となって出力する。そして、その自分の声が音声情報として自分の耳から脳にフィードバックされる。

だから、この原理から対抗策を練ればいいのである。これが、現場の教師の工夫である。
まず、私が最初にやったことは、

小さな声で説明させる。

ということである。
手で声の大きさを示して、「半分の声で言いなさい」と言う。声の大きさが小さくなると、不思議とイライラも収まるのである。イライラが収まったら、「切り替えができて、すごいね」と褒めるようにする。

次に、黙って聞いたことを褒める。

その子が話している時、他の子が口を挟むと、イライラは膨らんでいく。また、その子が相手の話を聞いている時も、その子に口を挟ませると、その言葉自体がループしていく。
だから、聞き方も指導して褒める。このような工夫も大切な力量の一つである。

三　ループする言葉を応用する

特別支援学級で遠足に行った。
どの子も気分のムラが激しい。長い時間歩くこと、坂道をのぼることなど、しんどいことはすべてやりたくない。案の定、途中からは文句ばかりが聞かれるようになった。

①歩きたくない。
②暑い。
③おなかが減った。
④のどが乾いた。お茶が飲みたい。

これらの言葉もループしていく。さらに、マイナス言葉は周りにも伝染していく。これを放っておくと、だんだんと本当にイライラが増えていき、最後には「もう帰る！」と言いかねない。
そこで、ループする言葉を変えさせた。

今から、目的地につくまで、反対言葉しか使ってはいけないことにします。成功した人だけが、おやつを食べられます。

そうやって、まず私から反対言葉を使いはじめた。

①ああ、絶対に休みたくない。明日の朝まででも歩き続けたいなあ。

すると、子ども達は大笑いしながら、自分達も反対言葉を言いはじめた。

②寒い、寒すぎる。なんだ、この寒さは！
③お腹いっぱいで、弁当なんて見たくない。
④のどが洪水だ！

子ども達は、ゲラゲラ笑いながら、楽しく目的地までついた。いつもは、すぐに「しんどいから帰りたい！」と言う子が、最後まで参加した初めての遠足となった。

「言葉はループする」――。

これも大切な原理である。

4　対応は「どのように言うか」が大切

一　運動場が使えないことに納得ができない

運動場で遊ぶのが大好きなＡＳＤの子、Ａ君がいた。

Ａ君は、長い休み時間になると、外に出て走り回ることをいつも楽しみにしていた。しかし、天気によって外で遊べない時がある。

その時の対応が難しい。場合によっては、気分を損ねて「もう家に帰る」などと言い出すこともあるからだ。

雨の時は、まだいい。雨が降っていると遊べないのは、一目瞭然だ。それは納得できる。また、運動場が水たまりだらけでびちょびちょにぬれている時も納得できる。

問題なのは、次のような状況の時だ。


天気は曇り。あるいは晴れ。

しかし、前日の雨のせいで、運動場がやわらかくなっている。ただ、見た目には水たまりはほとんどない。


このような状態で、「運動場が使えない」という時に問題が起こる。

ある日、運動場が使えないと放送が流れた。案の定、A君はぶつぶつと文句を言いはじめた。


なんでだ。雨も降っていないし、水たまりもないじゃないか。ちょっとぐらいしめっていても遊べる。

なんで、遊ばせないんだ!


自分のマイナスの言葉は、自分の耳へとループする。その繰り返しで、だんだんと機嫌は悪くなっていった。

さて、どのように対応するか。

二　すぐに理由を説明するのがなぜいけないのか

指導の原則は、気持ちに同意すること。


ここでは、「使えないから嫌だ」という気持ちに同意する。思いに同意するだけで、気持ちはかなり安定する。これは、安心感を司る扁桃体《へんとうたい》に働きかけているのだ。

多くの教師は、「運動場がぐちゃぐちゃになってしまうからダメです」というように、すぐに理由を説明したがる。この理由を受け入れるのは、脳の前頭葉である。しかし前頭葉は、扁桃体が満足した状態にないと、うまく働かない。

つまり、イライラした状態で理屈を説明しても、子どもの前頭葉には届かないということがわかる。

だから、パニックになった状態の子に行う最初の手段が、クールダウンなのである。

三　同意した後の対応を考える

その子の気持ちに同意した後、理由を説明する。これがオーソドックスな対応だ。

しかし、私は「新たな対応を開発しよう」と常に考えている。今回の場合も、違う対応で取り組み、成功させることができた。


ちょっとぐらい使えそうなのに、「いけない」と言うのには、きっと理由があるはずだ。

これを解明できたら、たいしたもんだなあ。

このように言うと、A君は「う〜ん」と考え出した。真剣そのもので、イライラはなくなっていた。

そして、「あ、運動場がやわらかいから、大勢が使うとぐちゃぐちゃになるからだ」と答えた。

さて、この対応の仕方を知ったとしても、同じように上手くいくとは限らない。なぜか？

ここに対応の本質がある。

四　大切なのはどのように言うのか

対応というと、多くの人が「何と言うか」「何を言うか」に関心をもっているようだ。

しかし、本当に大事なのはそこではない。


どのように言うか。


このことこそが、もっとも大切なのである。

実際に、論文に書いてある「何を言うのか」ではなく、「どのように言うのか」という観点での対応をセミナーで演習してみると、ほとんどの先生ができない。論文の内容を知っていてもできないのである。

また、何度もセミナーに足を運んだ先生でもなかなか上手くいかない。だから、何度もセミナーに足を運ぶのだろう。

さて、どのように言うのかを考えてもらいたい。

①まず、気持ちに同意する。

ここでは、同じように「残念だ」というように振る舞う。本当にそう思い込む。

②次に、理由を考えさせる。

この時には、一瞬で表情も雰囲気も変える。「あっ」と思いついたように話しはじめ、途中からは、謎解きのようにワクワクした表情で楽しそうに話す。後から振り返ると、私自身が「その世界を創っている」ような感じである。

さて、対応には続きがある。

A君が「運動場がぐちゃぐちゃになる」と言った後に、私は、こう聞き返した。


A君が校長先生なら、運動場を使わせる？


「使わせない」とA君は答えた。「さすが、よくわかっている」と褒めた。

「相手の立場で想像してみる」――。

これは彼らにとって大切なトレーニングである。

5　成功体験の機会を授業の中で与える

一　「困らない」という言葉は何を意味しているのか

かつて入学を予定している園児を観察するために、いくつかの幼稚園、保育園に出かけていったことがあった。たくさんの子がいる中で、特別な支援が必要だという何人かの子をピックアップして、重点的に観察していく。
ある園では、五人の園児が支援を必要とする子として挙げられていた。
私はその中で、次の園児のことが気になった。

自閉症スペクトラムの男の子。
不安傾向が非常に強い。できないことがあったり、失敗しそうだと思ったら固まってしまう。こだわりも強い。ＩＱは一二〇程度で高い。先生の言うこともよく理解していて、日常の生活も自分でできる。

こだわりが強く、不安傾向が強いというので、具体的にどのような場面でそのような症状が出るのかを尋ねた。

「二時に給食を片付ける」と指示した。
二時近くになって、自分が食べるのが間に合わないと感じると、パニックになってくる。

だから、園では「二時」ではなく、「二時頃」という表現に変えたそうだ。それで、多少は安心したのかパニックになることはなくなった。とにかく、時間に対して、不安やこだわりがあるのだという。

学校は、すべて時間で動く。この子が、学校生活に苦労するのは、目に見えている。

しかし、園の報告は違っていた。


この子は、そんなに困りません。

大変なのは、この子（別の子ども）です。


そう言って名前が挙げられたのは、衝動的でよく友達とトラブルになる男の子だった。

私は、言葉を失った。「困る」とは、何を意味しているのだろうか。

そのことが、次の活動を見ていて、はっきりとわかった。みなさんも考えてもらいたい。

二「もうじゅうがり」で、パニックになる

一五名程度のグループで、「もうじゅうがり」というゲームを行っていた。

例えば、「ライオン」と言われると、四文字なので四人グループに集まるというゲームである。グループに入れなかった子が、アウトとなる。園児達は何度もやったことがあるらしく、どの子もルールを理解していた。

他の園児がノリノリで参加している中、先ほどの不安な子は、指を加えて何をやっているのかわからないような「ぼ～っ」とした表情をしていた。

これだけで通常の児童とは違うと感じるはずだ。

ＩＱは高い、ルールはよくわかっている。

わからないのではなく、楽しみに感じてはいないのだ。そして、「ライオン」と保育士が言った瞬間に、その子の表情が激変した。

カッと目を見開き、慌てた表情で、ものすごいスピードで、四人グループを作っていた。

この様子から、その子がアウトになることをどれだけ不安に感じているのかが、はっきりと見てとれた。保育士は、そのことに気づいていない。その証拠に、グループになれなかった子に、元気いっぱいに「食べられたぞ～」と、オーバーアクションで食べるフリをしてまわっていたのだ。

多くの子が笑って喜んでいる中、その子の顔が引きつっていたのが痛々しかった。これで、もしこの子が失敗したら……そう思うと、ぞっとした。

そして、その時がついにやってきた。

次の「マントヒヒ」の言葉の時、その子はグループが作れなかった。慌てふためいているその子に追い打ちをかけるように、保育士が「一〇、九、八……」と制限時間のカウントダウンを唱える。「アウト！」という言葉を聞いた瞬間に、その子はその場に突っ伏してしまった。そのような状況でも、保育士はその子のところにきて、「食べられたよ～！」とやっている。その後、その子はもう活動には二度と戻れなかった。

突っ伏している様子を見て、担当者は、「いつもああなるんですよ」と話した。そして、「ああなると、もう何を言ってもダメです。突っ伏して固まりますが、それで友達をたたいたりするようなことはありません」と話したのだ。
この事例を見て、はっきりとわかった。

「この子は困らない」というのは、誰が困らないのか。

「友達をたたかない」「しばらく泣いていれば元に戻る」というのは、「保育士が困らない」のである。

しかし、この子本人は困っているのだ。

先ほどの事例の中でも、この子が取り組めるような手立てはいくつもある。保育士の対応は、この子の不安を余計に助長している。
このような現状は、日本全国にある。だからこそ、福岡の長丘幼稚園や、静岡の函南さくら保育園の実践が重要なのだ。どちらの園も、自由教育で子どもの自主性に任せたりせず、子供に教えることは教え、子供の能力を伸ばすように教育をしていることが特色だ。
先進的な取り組みから学び、校種を超えて、特別支援の考えを積極的に発信していかなければならないと強く感じた出来事だった。

6 子どもを分析して褒める

「教育は格闘技である」と、かつて向山氏は語った。

発達障害の子を担当するようになってから、この言葉の意味がわかるようになった。褒めることは、まさに格闘技である。何を褒めるのか、どのように褒めるのか。褒めることは、簡単なことではない。

一　褒めないと動かない子の言葉を分析する

褒めないと子どもは動かない。支援学級の子は、まさにそうである。

そして、こんなことも多い。


褒めても動かない。


褒められたことを受け入れられないのだ。二次障害を併発している子、セルフエスティームが下がっている子の多くがそうだ。そういう時には、褒めたことでキレてしまうことがある。

その場面をイメージしてみる。


教師が、「よくできたね」とにっこりほほえんで褒めた。

しかし、子どもは不機嫌そうにこう言った。「どうせ、偶然だ！」

さて、まず対応を考える前に、「どうせ、偶然だ！」という言葉から、子どもがどんなことを思っているかを分析してほしい。

まず、「どうせ偶然だ」という子どもの言葉を二つに分けて分析してみる。

「どうせ」という言葉から何が考えられるか。今までに、何度も失敗したことが考えられる。また、できたと思っても、次の時には失敗してしまった経験もあるのだろう。しかし、「どうせ」という言葉は、全否定ではない。褒められることを、本当は求めているということもわかる。

「偶然」という言葉からは、自信がないということがわかる。さらに、「偶然でもできたこと」に価値がないと考えている。たぶん、今までに誰かに否定されることがあったのだろう。

私は、いつも子どもの言葉や表情から、このようなことを分析する。

みなさんはどうだろうか。

二　分析を使ってどのように褒めるか

今度は対応を考えてもらいたい。

> 先ほどの分析をつかって、どのように褒めるのかを考える。
> 褒める言葉を書き出すだけでなく、その言葉をどうして使ったのか意味づけをする。

もちろん、「どうせ偶然だ」という言葉が、キーワードとなる。つまり、次のことが褒める言葉の中にあれば良いと考える。

「偶然にできた」ということを価値があることだと納得させる。

だから、次のような褒め言葉では、子どもは変化しない。

偶然でもできたことは凄い。

私は、次のように褒めた。まず、前半部分。

できるようになるまでには、必ず、今回のように、「偶然できた」ということが何回か起きるんだよ。
そして、本当にできるようになっていく。

ここまでで、「偶然できた」ことが大切なことだと趣意説明している。実際に、ここまで話したところで、子どものイライラは消え、興味深そうに私の話を聞こうとする状態になった。

三　さらに、「偶然」の価値付けを行う

ここまでで、すでに子どもは変化している。しかし、さらに私は、もう一歩突っ込んで対応したいと思う。

続きの褒め言葉を考える。その際、話を聞いた子どもが、「やった」と喜ぶような言葉を考える。

私は、次のように語りかけた。話すスピードを落とし、包み込むようなイメージだ。


だから、今回のことは、できる力がついてきたという証拠。

この最初の一回が難しいんだよ。

良かったね。


この中で、私はある言葉を力強く話した。

「この最初の一回が」の部分である。

この言葉を言い換えるとどうなるか？　「偶然」という言葉と同じ意味である。

私はこうやって「偶然」という言葉を価値付けしていった。

最初に褒めた時に、子どもは褒めたことを受け入れなかった。しかし、私はここは勝負だと考えた。

一度や二度の失敗で、あきらめてはいけない。

褒めることは、格闘技である。

7　休む日を決める

一　学校が疲れる、嫌だという子

不登校傾向の男の子がいる。

朝、なんとか学校には来ることができる。しかし教室の入り口に入る前から、「嫌だ。疲れた」と叫び、逃げ出す。毎日がこの繰り返しであった。

学校に来て勉強すると疲れるため、教室ですることといえばお絵かきや折り紙などであった。無理をさせない、好きなことをさせるという主治医の方針で、気がつけば自分のやりたいこと以外は何もしなくなっていた。

私が担当になってからは、最初はがんばって取り組んでいた。給食は食べるし、勉強も全部やると言う。順調だったものの、四月の終わりから、だんだんと体調も気力も落ちてきた。

そして、また以前のように、「疲れる、嫌だ」が始まった。

二　積極的に休む日を作る

学校を休むのはいい。途中で帰るのもいい。私が気になったのは、次のことだった。

帰る時、「嫌だ」と叫びながら帰っている姿。


この子は、帰ることは良くないと自分を責めているのではないか。そうであるならば、学校という存在のせいで、この子はどれだけ傷ついているのだろう。しかも、これが毎日続くのである。

これだけはなんとかしたいと思い、無理をしない中で登校刺激を続ける方法を選択した。


積極的に休む日を作る。

翔和学園の伊藤寛晃氏の報告を元に、休む日をあらかじめ決める方法に取り組んでみることにした。
保護者に了解を得た後、この子にその提案を行うことになった。

三　子どもに休む提案をする

私は、その子を呼んで次のように話した。

A君は、ひょっとして学校に来ないことがものすごく悪いことだと思っていない？

A君は、「そう思っている」と頷いた。

そう思ってるなら、「嫌だ」と叫んで家に帰った後、「自分はダメだ」と自分を責めているんじゃないの？

これも「そうだ」と言う。
「そうか。辛い思いをしてるんだなあ。でも、そう思う必要はないんだよ」と話しかけた。
次に、昨年の様子を聞いた。昨年も最初は頑張って、全部の学校生活をこなしていたという。

そんなに頑張ってたら、途中で息切れしたんじゃない？

こう聞くと、「六月で切れた」と話す。「そうだろう」と同意しながら、ここから提案に入る。

「頑張るところまで頑張って、そこで終わり」というのと、「少しずつでも頑張るのを続けていく」のと、どちらが良い方法だと思う？

彼は、「続けていく方」だと即答した。これで、少しずつ頑張っていくという方針は決まった。
次に、一日の何時間を学校で過ごすかについて相談した。無理がないのは二時間だと言う。これも原則として適用し、日によって一時間の日や三時間の日があってもいいことも決めた。

一週間で一番疲れるのは何曜日ですか？

これも即答だった。月曜日だという。「リズムが狂う」と理由も言えた。家庭の協力も必要だ。

でも、月曜日を休むと、次の火曜日がしんどくないですか？

そうやって、どんどん疲れる日が続いていくという。

毎日行かないといけないと思うと、しんどいでしょう。
もし、途中で休んでいい日があったら、頑張れるかな？

「それだったら、がんばれる！」

驚くほど力強い声だった。この先、ずっと行かなくてはいけない……そう思うことがストレスだったことがわかった。これで、一週間のうちに、休む日を入れることが決まった。

8 学校に来る意味を教える

一 何のために学校に来るのか

こうして不登校傾向のある男の子に、積極的に休む日を作ることを提案した。

提案は受け入れられたものの、休むことに罪悪感を感じていたのでは意味がない。そこで、なぜ休むのかを伝える必要があると考えた。

最初に、なぜ学校に来なくてはいけないのかを聞いてみた。

「勉強ができるようになるため」と言う。

そして、顔をしかめて、続けざまにこう話した。

「ぼくは、学校に行っていないから、勉強がわからなくなっているんだ。だからダメなんだ」

こういう子に、勉強を中心に考えさせると、減点方式の思考になってしまう。


残念ながら、勉強は一番の理由ではありません。

こう言うと、本当にビックリしていた。そして、その理由に興味をもちはじめたのがわかった。

一つは、子どもには学校に来れるという権利があるのです。

だから、悪いことをしても小学校に来てはいけないとはならないのです。反省すれば許してくれますよね。


ここで、その子の口から「義務教育ってこと?」という言葉が出た。


その義務は、お父さん、お母さんにあるのです。お家の人は、「子どもを学校に行かせなさい」という義務があるのです。

だから、お家の人は「行きなさい」って言うでしょ。それは、義務だから当たり前のことなのです。

そうなると、「お母さんが無理矢理行けって言うのが悪い」という意見はおかしいですね。


その子は、この話に納得していた。ちなみに、「お母さんのせい」というのは、この子の口癖である。

二　学校に行くもう一つの理由

権利と義務の話の後、もう一つの大事なことについて話をした。


A君は将来、大人になったら仕事をしますね。

その時に大事なのは、毎日、休まずに仕事に行って働く体力があるということです。

それがないと仕事ができない。仕事ができないと生きていけません。

その体力をつけるためには、子どもの頃から練習しておかないといけないのだそうです。

朝起きて家を出て、夕方まで外で生活する習慣をつけておく必要があります。

その練習をするのは、どこですか？


彼は、「あ、学校だ！」と目を見開いて答えた。

だから、学校は年齢が上がるとともに、学校にいる時間が長くなっていくことを説明した。


つまり、体力をつけるためには、少しずつ学校にいる時間を長くしていけばいいということになりますね。

たとえ学校に来て嫌になって帰ったとしても、それは意味があることです。

ちゃんと服を着替える、登校する、これは体力作りにはとても大切なことです。

だから、嫌になった時は、「嫌だ」と叫ぶのではなく、「先生、今日はしんどいので、家で勉強します」と言えばいいのです。


そう言うと、胸をなで下ろして安心した表情を見せていた。そして、休む日をいつにするかを相談した。

キーワードは、「続けて来られる体力をつける」――。

そこで水曜日を休む日とし、「月火」と「木金」を連続してくる日に設定し、体力をつけていく練習を進めることにした。

月曜日はしんどくなることが予想されるので、当面は、登校するだけでも合格とした。また水曜日は元気でも、頑張って休む日にすることにした。もちろん、行事や給食メニューなどで、休む日は変えてもいい。その場合は相談することを、前もって決めておいた。
この取り組みを初めて、少しずつ変化が表れた。この子の表情がとても柔らかくなった。
小さな小さな変化だが、確実に、この子の中で変化が起きているのを感じている。

9　「結果」ではなく「過程」を褒める

一　どこを頑張りと捉えるか

不登校傾向のある子どもの通知表の所見は、褒めるための重要なツールとなる。内容のポイントは、

その子の頑張ったことや伸びたところを書く。

ということである。これは、不登校気味の子だからといって、他の子と変わらない。しかし、教師が「どこを頑張った」と捉えるかによって、記述は変わってくる。例えば、次のような事例があった。

運動会の練習には、ほとんど参加できなかった。
しかし、本番は頑張って、なんとかリレーには参加することができた。

この子に対してどのような所見を書くのかを考えていく。

まず、この子の頑張りはどこか。

練習には参加できなかったのに、もっと緊張する本番には頑張って参加した。

このように教師なら思うはずだ。それを所見にするとこのようになる。

練習には参加できませんでしたが、もっと緊張する本番のリレーに参加することができました。その頑張りが素晴らしいです。


教師の気持ちはわかるが、これでは誤解を生む可能性がある。その理由は二つある。

一つは、「参加できませんでしたが」という否定の言葉が入っているからである。

文字では、微妙なニュアンスが伝わらない。もし、その子が練習に出なかった自分を責めていたり、周りからずるいと思われていると感じていたりしたならば、この文章は残酷なものとなる。そのような誤解を生む可能性のあることは、文字ではなく面と向かって実際に話すようにするのが望ましい。

もう一つは、教師自身の練習中からの言葉である。

全体練習などで、「練習が大事。本番だけ頑張ったって意味がない」というような声かけを聞くことがある。このような言葉を一度でも聞いたことがある不登校の子は、ずっとこれがトラウマになっていく。それが文字になっているのだから、どれだけ傷つくか言うまでもない。

では、どのような記述が望ましいか。

運動会のリレーでは、最後まで力いっぱい走ることができました。

力を合わせて頑張ることを、友達とお互いに応援し合うという素晴らしい体験ができましたね。


このように、その場で頑張ったこと、その頑張りの価値などを伝えていけば、誤解を生むことなく頑張りを伝えることができると考えている。

原則としては、次のことが言える。


登校に関することは書かない。

二　結果ではなく過程を取り上げる

不登校気味の子が学校生活で困ることがある。

その一つに図工がある。


継続して学習に参加できないので、作品が完成しにくい。


例えば絵を描く時、下描きの学習には参加したが、その後の彩色の学習には参加できないということがある。

現在の指導では、「完成していないと評価されない」ということがよくある。特に、子どもはそう感じている。

しかし、そうではないはずだ。下描きの学習も立派な頑張りである。そこを取り上げて褒めることはいくらでもできる。そのような、「結果」ではなく「過程」を取り上げることが、不登校気味の子に所見を書く時には必要となってくる。

そのためには、日々の記録が大切となる。そして、記録とセットになるのが褒めることである。その場その場で褒めたことを記録していく。それが、過程を取り上げるコツである。

第3章

優れたスキルには確かな科学理論がある

1　学習にプラスの感情をもたせる

一　情報にはレッテルが貼られる

脳科学の視点から考えれば、教育現場で行われている多くのおかしな点に気づく。

林成之氏の『解決する脳の力』（角川oneテーマ21）には、学習という行為を考える際の多くの視点が書かれている。

まず、情報の経路について。

> たとえば、脳に入った情報が「A10神経群」と呼ばれる部分に到達すると、その情報には「好き」「嫌い」といった感情のレッテルが貼られます。（中略）最初に「嫌だな」と感じた情報については、脳の理解力や判断力、思考力、記憶力が発揮されません。（p.4）

学習は、情報を脳の中に入力して処理することなしに成立しない。情報入力は、学習のスタートだとも言える。その時、「好き」「楽しい」と感じさせることが、学習成立の条件であることがはっきりとわかる。

だから、授業の初めの「お説教」や、なかなか揃わない「授業開始の挨拶」などは、脳科学的に見ると逆効果であると言えるのである。

ＴＯＳＳでは、授業技量検定Ｄ表項目に、「授業開始一五秒のつかみ」という項目がある。これは、学習の最初の情報に、プラスのレッテルを貼る。

ための行為であると言えるだろう。あらためて、授業技量検定の項目の凄さがわかる。

二　神経細胞には逆の回路がある

教育の現場では、

興味をもたせることで、やる気が出たり、理解しやすくなる。


ということが定説になっている。

情報の入力の際に、レッテルが貼られることからもわかるように、これは事実である。

しかし、興味をもたせるために、過度に導入に時間をかけたり、何でもかんでも体験させたりする風潮もある。問題解決学習などは、その最たるものだ。教科書では興味をもてないと、教科書を伏せさせる。

しかし、脳神経細胞の仕組みを理解すると、これが意味をもたないことがわかる。


情報を伝達する際、脳神経細胞は情報の発信元にフィードバックする仕組みを持っています。（中略）脳は「興味を持つことで理解力、思考力を高める」だけでなく、「理解し思考することによって興味を抱かせる」という使い方ができるのです。

（p.57～58）

脳神経細胞は、「理解し、思考することによって興味を抱かせる」という逆の回路の使い方ができるのだ。

つまり、「できる・わかる」状態になれば、興味をもたせることができるのである。

三　学習の始まりは成功体験

算数の問題解決学習では、子どもはやる気をもてない。そのことも、脳科学の観点から明らかである。

> しかし、やる気が出せないのに、無理をしてできないことに挑戦し続けても、残念ながら結果はついてきません。（中略）基本に立ち返ってできる問題から取り組み、「成功体験」を積み重ねることが非常に重要なのです。
> （p.60）

わからない問題に挑戦し続けても結果は出ないことがわかる。最初は、誰でもできる問題から始めるのが学習の基本である。

ちなみに、向山型の難問指導は思想が全く違う。五問の中から一問を選択する。そして、途中で問題を変えるのは自由である。また、どれか一つはできそうだと思わせる問題構成になっている。脳科学から見て、非常に優れた方法であることがわかる。

「情報にはレッテルが貼られる」

「理解することで興味をもてる」

「成功体験の積み重ねが結果につながる」

これらの学習に重要な要素が、問題解決学習には全く見当たらない。

脳科学から考えると、教育現場のおかしな点がたくさん見えてくる。

2　やる気を引き出すスキル

一　やる気の正体とは何か

やる気の正体は何なのだろうか。

脳科学者の篠原菊紀氏は、著書『脳科学者が教える　子どもの地頭をよくする方法』（ディスカヴァー・トゥエンティワン）で次のように述べている。

> ある動作や手順と快の結びつき、これこそ「やる気」の正体なのです。（p.79）

簡単に言うと、何かをする時、「ああ上手くいく」「いい感じ」と直感的に思えるかどうかが、やる気が出るかどうかのポイントなのである。これは、脳の線条体というところが作用している。この線条体から出される脳内物質が「ドーパミン」であることを説明すれば、その意味が理解できるだろう。

つまり、「やる気」には、直感が関わっていることがわかる。直感的にそう思うかどうかは、今までの体験によって左右される。篠原氏はそのことを、「タグ」という言葉で説明している。

> その過程で、うまくいった動作や行動の手順には「いい感じ」というタグが貼られていきます。

逆に、体験によって「いやな感じ」というタグも貼られることになる。それが、何かをする時に、直感的に「やる気」になるかどうかを決めていることになる。だから、過去に「上手くいった」「褒められた」という体験が少ない子は、同じ事をするのでも、やる気になりにくいのである。

つまり、「やる気」をもたせるためには、「成功体験」が必要なことがわかる。

だから、「教えて褒める」のだ。

(p.77~78)

二 やる気は年齢によって違う

篠原氏は、やる気のつくり方は学年で変わってくると述べている。

まず、小学校中学年まで。


小さい子の時は、ほめるのが原則です。

(p.139)


次に、小学校高学年や中学生。


小学校高学年から中学生ぐらいになると、今度はやらされ感をどのように消していくかということが、線条体の「やる気」の維持の点では重要になってきます。

(p.139)

これを学校現場でどのように解釈するか。私は、次のように解釈した。

■中学年まで
行動・態度・結果を直接的に褒めることを中心とする。
■高学年・中学校
自分からやろうとしたことを褒めるのを中心とする。


言い換えると、中学年までならば教師が指示を出し、できたら褒めるので良い。しかし高学年からはそれだけでは上手くいかないということだ。

例えば次のようなことを褒める。

①チャイムがなったら、漢字スキルを言われなくても始めていた。
②それを見て、次の時間は自分もチャイムと同時に始めようとした。

キーワードは、「自分から」である。そのことを褒める中心にすると、クラス全体が変わっていく。

もちろん、直接褒めることは大切だが、「やらされた」と感じさせないようにしなければならない。

三　しなければならないではダメ

学級や学習のルールを守らせるために、それができなかった時に罰を与えるという教師がいる。また、厳しく注意をすることで、「～しなければならない」という気持ちを育てるという教師もいる。

これを脳科学で考えるとどうであろうか。篠原氏は次のように書いている。

> 実際のところ、人は「～しなければ」「～すべきだ」という思いから行動を変えることはほとんどありません。（p.81）

先ほどの「チャイムがなったら漢字スキルを始める」というルールで考えてみる。

「～しなければならない」という指導では、やっていない子を注意することになる。一方、「できていたことを取り上げて褒める」という指導がある。どちらが、「快」のタグを貼れるか？　どちらが、「やらされ感」がないか？　どちらが「いい感じ」となるか？

答えは明らかである。

「教えて褒める」ことの有効性が、脳科学で明らかにされた。

3　子どもを「好き・安心」の状態にする指導法

一　セロトニンは必須の知識

研修で必ずと言っていいほど出す演習問題がある。

広汎性発達障害の子は、不安傾向が強い。そのことを、神経伝達物質を用いて説明せよ。

キーワードは、「セロトニン」。

不安を感じるのは、脳の中の扁桃体という部分である。
そこにセロトニンが不足するようになると、不安を感じるようになる。

セロトニンはドーパミン同様、教師にとっては必須の知識である。この知識なくして、発達障害の子への指導はあり得ないと言っても言い過ぎではない。子どもは、安心感の中で様々なことを学んでいく。何かに取り組んだり、挑戦できるのも、失敗しても大丈夫だという安心感があるからだ。そして、安心感をもたらすのは、教師の行為によるものが大きいということがわかってきた。
平山諭氏は、セロトニンを分泌させる行為として、セロトニン5を主張している。

1　みつめる
2　ほほえむ
3　はなしかける
4　さわる
5　ほめる

これを知っている人は多いだろう。しかし教師なら、知っているだけでなく使いこなせるようにならなくてはいけない。

二　厳しく叱る指導が悪い理由

厳しく叱ることでは、子どもは変わらない。

しかし、学校ではいまだに「厳しくすることが大切」「悪い時は強く叱って、もう二度としないと思わせなければならない」と主張する教師が多い。

それが間違っていることは、脳の仕組みを見れば明らかだ。

情報は、前頭葉の前に扁桃体を通る。だから、怒鳴って指導しても中身は前頭葉には届かない。

図（上）のように回路がシャットアウトしてしまうのだ。

だから、まずはその子の気持ちに同意して不安を取り除き、その上で大切なことを穏やかな状態で教えることが必要なのである。

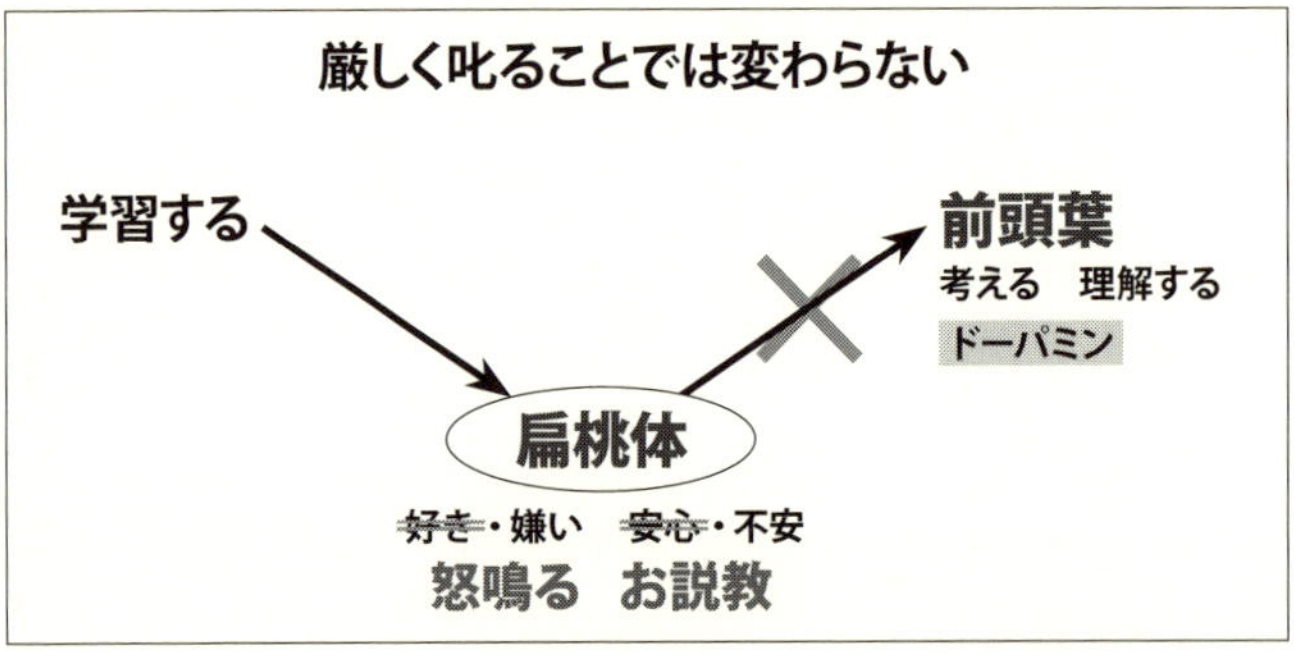

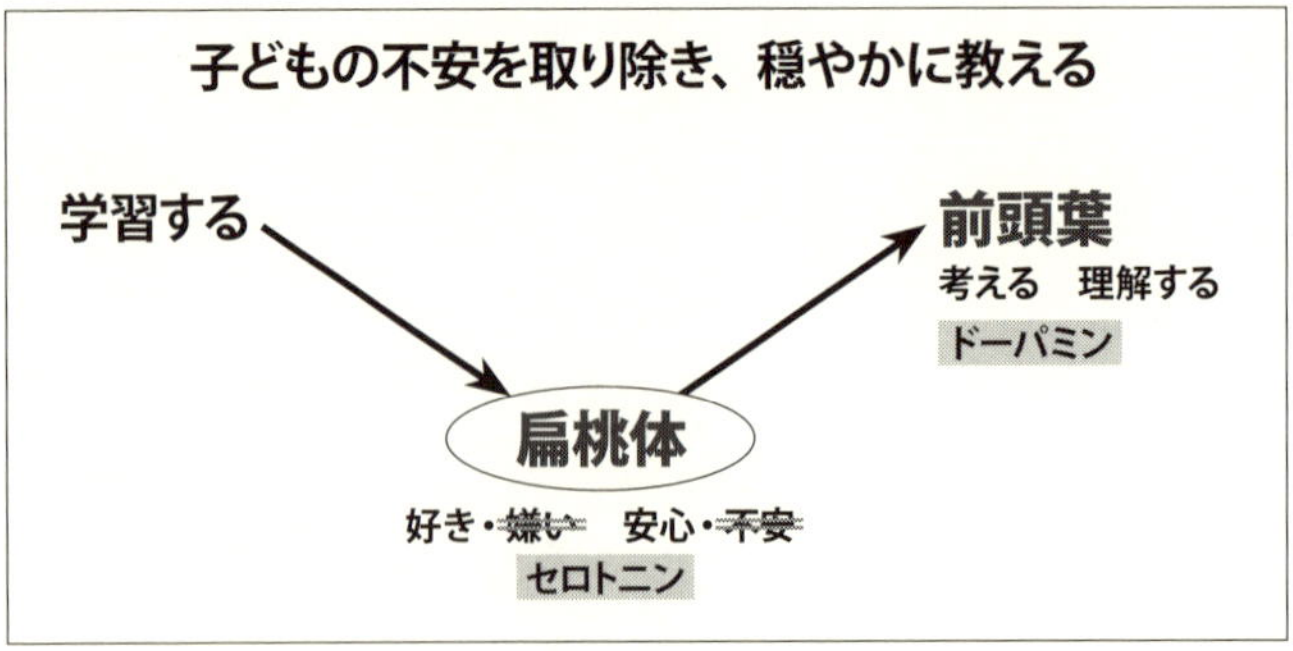

扁桃体は、「好き・嫌い」「安心・不安」を司る脳なので、脳の状態を「嫌い・不安」ではなく、「好き・安心」の状態にすることが効果的な指導法だということがわかる。つまり、図(下)のような状態になれば、回路が流れていくというわけである。これが指導の原理なのだ。

だから、平山諭氏が提唱するセロトニン5(みつめる、ほほえむ、はなしかける、さわる、ほめる)は、教師にとって必須の技術なのである。

向山氏の「教えて褒める」もまさに同じである。そのことによって、この回路が流れることになるのだ。

三　セロトニン5の自己採点

では、どのぐらいこのセロトニン5を使った対応ができているだろうか。

自分自身の指導を自己採点してもらいたい。

私が担当する子ども達はみな、「自尊感情」がボロボロに傷つけられた子ばかりである。一度でも怒鳴ったり、約束を破ったりすれば、それで積み上げたものはガラガラと崩れていく。そもそも人に対して、不信感を抱いているのだ。教師の対応はこのセロトニン5しかない。

いつでも、どこでも、どんな状態でもこのセロトニン5の対応ができるか――。

それが、特別支援学級担当になって、私につきつけられた課題だった。

先に触れたが、ある子は「良くできたね」と褒めると、「どうせ偶然だ」と吐き捨てるように言った。

この子は、褒めることを受け入れることができないぐらい自尊感情が傷ついているのだ。

私は、次のように対応した。

できるようになるまでには必ず、今回のように「偶然できた」ということが何回か起こる。そして、本当にできるようになっていく。だから、今回のことはできる力がついてきたという証拠。この最初の一回が難しいんだ。


ここまでやって初めて、この子は褒められることを受け入れることができた。

「どうせ偶然だ！」と子どもが吐き捨てるように言った時、微塵の動揺も見せず、セロトニン5の対応ができるか。教師は試されているのだ。

そしてこの時に忘れてはならないのは、

そのやりとりを、周りの子も見ている。


ということである。それを常に意識していなければいけない。

何度も何度も裏切られ続けた子ども達である。自分だけでなく、友達の様子を見ても不安なのである。

繰り返すが、知っていることと実際にできているかどうかは別である。

「セロトニン5の対応が常にできる」ということが、学校現場の常識になってほしいと願っている。

三　セロトニン5の演習

そこで、セミナーでは、よくこのセロトニン5の演習を行っている。

例えば、「ほほえむ」。

会場を二つに分けて、お互いに向かい合う。片方のブロックの参加者にほほえんでもらう。

たったこれだけでも、参加者の顔はこわばっていく。さらに、負荷を加える。

相手側の参加者に不機嫌そうな表情をしてもらう。


これは、かなり抵抗が大きい。

このような状態で、最低三〇秒間、包み込むような柔らかい表情ができれば一応合格である。

なぜ、このような条件が必要かというと、私達が用いるのは教室であるからだ。

目の前で、発達障害の子が反抗したり、指示に従わない時、ほほえみ続けることができるか。教師のほほえみは、その子の不安感を取り除くだけでなく、周りの子の不安感も取り除く。周りが安定するから、発達障害の子もクラス全体も安定していくのである。

この練習は、一人でもできる。私は、キレて暴れ回る子を担任した時、一年間ほほえむ練習を続けた。毎朝、教室に行く前に、トイレでほほえむ練習を続けた。これは練習になった。鏡を見ていると、だんだん表情がこわばっていくのがわかるのだ。

同様に、「見つめる」「話しかける」「触る」「褒める」にも練習が必要だ。

練習を通して初めて、知識は、「知っている」から「できる」へと変化していく。

4 安心や癒やしになる子どもへの触れ方

セロトニンは、安心や癒やしの物質である。

「ふれる」時には、安心や癒やしになるようなふれ方を心がける。その具体的なトレーニング方法を紹介する。

一　自分一人でできるトレーニング

①叩く場所で感じ方がどう違うかを体感する
机の上を指先で何度か叩いてもらいたい。コンコンと音がする程度でいい。手は左の写真のようになる。

今度は同じ強さで、自分の体を叩いてみる。

①自分の肩を叩く。
②自分の頭を叩く。

実際にやってみると、同じ強さでも頭を叩いた方が刺激が強く感じるのがわかる。

つまり、人間は体の場所が違えば、触覚が変わるということがわかる。
②叩き方で感じ方がどう違うかを体感

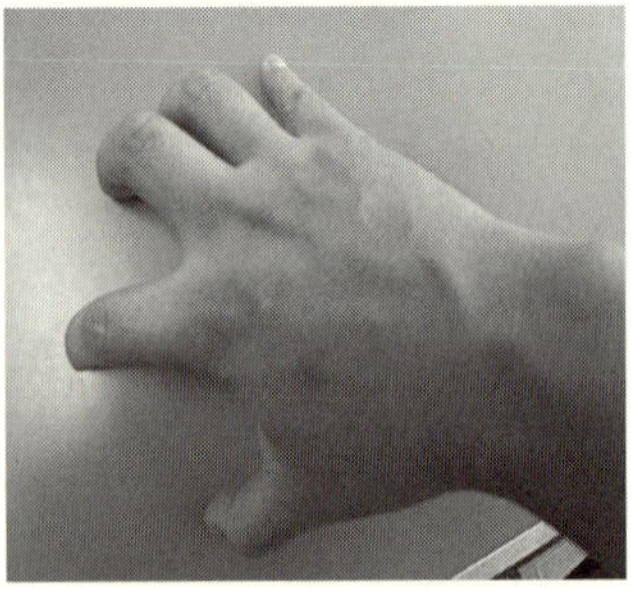

今度は、叩き方を変える。

①指先で叩く。
②手の平で叩く。

最初は、肩でやってみる。叩く強さは変えないことが条件になる。「指先」と「手の平」（右の写真）で、実際にやってみるよくわかる。指先の方が、強い刺激に感じるはずである。

今度は場所を変えてみる。

①自分の肩を叩く。
②自分の頭を叩く。

先ほどと同じように、今度は頭を叩いてみる。もちろん強さは変えない。これも、指先で叩いた方が刺激が強く感じる。そして、先ほどと同じように、肩よりも頭の方が同じ強さでも強い刺激に感じるのである。

これらを体感することで、次の二つのことが理解できるはずだ。

①肩よりも頭の方が強い刺激に感じる。
②体にあたる面積が広い方が刺激はやさしく感じる。

つまり、セロトニンを出すための「ふれ方」としては、広い面積で、強い刺激を感じる頭を避けるようにふれるのが良いことになる。頭にふれる時には、やさしさを意識してふれる必要があることもわかるだろう。

二　効果絶大！　二人で行うトレーニング

一人で行うよりも二人で行った方が、効果は大きくなる。ふれてみて、その感想をすぐに相手から聞くことができるので、その場で調整ができるからである。

では、具体的な方法を示す。

①自分の肩を手の平でふれる。
②相手に肩を手の平でふれてもらう。

自分でふれるより、相手にふれられた方が刺激を強く感じることがわかるだろう。

自分でふれる時には、脳内から「ふれるよ」という信号が出ている。しかし、相手にふれられる時は違う。こちらに準備がない時に、いきなり刺激を感じることになる。このことをよりはっきりと体感するために、次の方法を体験する。

①目に見えるところ（正面や横）からふれてもらう。
②後ろからふれてもらう。

目に見えない状態でふれてもらうと、あまりの刺激の違いに驚くはずである。

①自分の頭を手の平でふれる。
②相手に頭を手の平でふれてもらう。

同じように頭でもやってみる。そして、見えない状態で後ろからふれてもらう体験も行う。
どうすれば安心したふれ方になるのか、体験するからわかるのである。

三　レベルアップのトレーニング

ここまでで、かなり「ふれる」コツを習得しているはずである。ここから、さらにもう一歩のレベルアップを図る。

セロトニン5を組み合わせる。

のである。

①「みつめ」ながら、ふれてみる。
②さらに、「ほほえみ」ながらふれてみる。
③「はなしかけ」ながらふれてみる。名前を呼んでふれるのが効果的である。

④「ほめ」ながらふれてみる。
⑤「みつめる」「ほほえむ」「はなしかける」「ほめる」を組み合わせてふれてみる。

太郎君、良く頑張ったね。えらいね。立派だね。先生とってもうれしいよ。

こんなふうに言葉や表情を表に出して、交互にやってみるとレベルアップする。

5　入門期に必要な指導法

一　発達を知れば指導は変わる

一年生に入学してきて、ひらがなが書けない子がいる。この子にどのような指導が必要なのだろうか。この時に、指導の一つの指標になる検査がある。

ビーリーの検査

である。これは、図形の描画と発達との関係がわかる検査である。なぜ、このような検査が指標になるのか。
ひらがなは、様々な線で構成されている。よって、次のような視点が生まれる。

どのような線が書ければ、ひらがなが書けるのかという視点。

だから、ひらがなの構成に必要な線が書けないと、ひらがなを形通りに書くことはできないのである。

これは、ごくごく当たり前のことであるが、ほとんどは知らない。

では、問題を出してみる。

①ひらがなを書くためには、どのような線（形）が書ければいいのか。

この問いに答えられれば、入門期の子どもを指導する条件を一つクリアしたと言えるだろう。知らなくても、ひらがなの形を考えてみれば、想像はつくだろう。

考えてみてもらいたい。ひらがなを書くためには、少なくとも次の六つの形が書けなければいけない。

①　＋
②　○
③　□
④　×
⑤　△

さらに、次の問題を考えてもらいたい。

②「△」が書けるのは、発達年齢で言うと、何歳何ヵ月なのか。

それぞれの線や形が、何歳何ヵ月で書けるのかが、すでにわかっている。△が書けるようになるのは「五歳三ヵ月」である。だから、小学校入学時から「ひらがなを書く」練習をするのは、理にかなっていると言える。

しかし、この発達年齢を知れば、問題点も同時に浮かんでくるはずである。

次の問題点も考えてもらいたい。

二　五歳三ヵ月が示す問題点

小学校入学年齢を六歳とすれば、五歳三ヵ月という数字は、ある問題を示していることになる。

発達の遅れている子は、そもそもひらがなが書けるようにまで、発達していない。


わかりやすくＩＱで考えてみる。例えば、ＩＱが九〇というのは、おおむね生活年齢の九〇パーセント程度の発達だと捉えられる。

六歳×〇・九（九〇パーセント）なら、五歳四～五ヵ月程度となる。つまり、

ひらがなが書けるぎりぎりの発達。

ということになる。

発達は様々な分野に分れるため、一概にＩＱで比べることはできないが、趣旨は理解していただけると思う。

ＩＱ九〇以下の子の中には、当然、発達年齢をクリアしていない子はいると考えるのが妥当である。このような状態の子に、周りと同じように指導していていいのだろうか。

このようなことを知っているかどうかで、指導の仕方は全く変わってくる。

三　入門期に必要な指導

『あかねこひらがなスキル』（光村教育図書）の最初のページは、どのようになっているだろうか。いきなり、最初からひらがなを書かせることはしない。

最初は、線なぞりから始まっている。


これは当然、「ひらがな」は「線の集合体」という概念があるからである。このような概念があれば、教材の見方が変わってくる。ほとんどの教材で線なぞりのページがあるが、なぞる線は何でもいいわけではない。

だから、教材を見る時、次のような視点がないといけない。

①どのような線をどのような順番でなぞらせるか。

②なぞらせた後に、自分で模倣して描く練習があるか。

四　漢字も線や形の集合体

ひらがなと同じように、漢字も線や形の集合体である。そう捉えると当然、次の問題にたどりつく。

③漢字を書くためには、どのような線（形）が描ければいいのか。

これもわかっている。ひらがなの線に必要な五つの形が描けるだけでは不充分である。

漢字を書くためには、「◇」が描けなければいけない。

なんと、これは「八歳七ヵ月」なのである。漢字の書きを学習するのは、一年生の二学期であるから、相当ハードルが高いことがわかるだろう。もちろん、◇の形を必要としない漢字も多くある。最初の頃に出てくる漢字は、そのようになっている。
このように考えると、漢字が苦手な子には、

線や形の「なぞり」→「写し」の学習が必要。

ということがわかるだろう。

また、漢字を構成する基本になる漢字を、まずしっかりと書けるようにさせるという方法もある。

これ以上分解することのできない漢字のことを「基本漢字」と言う。例えば、「人」「口」「手」などである。これらは、全部で一〇一ある。これらを組み合わせていくことで、画数の多い漢字も書けるようになっていく。

ひらがなの指導でも、漢字の指導でも、「発達」について知っていれば、指導は大きく変わってくる。

発達に基づく指導は、体力勝負の学習と対極にある指導である。

第4章

保護者への情報提供者としての教師の役割

1　保護者との連携が必要な項目をまとめる

一　教師の七つの説明責任

発達障害の子をもつ保護者に、教師として説明できなければならない「教師の説明責任」だと思われる項目を七つ挙げてみる。

①ＷＩＳＣの検査結果を説明できるか？（特性、指導、必要なこと）
②発達障害を脳内伝達物質との関係で説明できるか？
③医療期間などの専門家とつながることでどんなメリットがあるか。
具体的な事例を用いて、説明できるか？
④逆に、医療機関などの専門機関につながらないことでのデメリットを説明できるか？
⑤発達障害と薬についての関係について説明できるか？
⑥医療機関のこと（受診の仕方、受診した後どうなるかなど）について説明できるか？
⑦通常学級と支援学級の違いについて説明できるか？

一番不安なのは、保護者である。そして、一番子どもをサポートしてほしいのは、保護者である。

だからこそ、教師の説明責任が必要となる。

二　校内体制で必要なこと

担任だけが対応するのでなく、学校全体で対応できるような体制作りが必要である。

①保護者を交えたケース会の開催
②管理職、コーディネーターなど　責任ある立場の人とつなげる
担任は毎年替わる。学校の中に理解してくれる存在を増やす。
③問題が起こった時だけケース会を開催するのではなく、定期的に行う。

三　保護者への連絡

【良くない連絡の仕方】
悪いことがあった時に連絡する。
【良い連絡の仕方】
①良いことを連絡する。
②何もなくても定期的に連絡をする。

保護者への連絡のほとんどが、良くないことがあった時である。これを保護者の立場で考えてもらいたい。

学校からの連絡　＝　悪いことがあった

となる。保護者の中には、電話が鳴るたびに何かあったのではないかとビクビクしているという人もいる。

だから、学校は「良いことを連絡する」ということを意識して進めていくことが大切だ。向山氏の一筆箋の指導はまさにそうである。また、特別なことがなくても連絡する。そのことで信頼関係を築くことができる。

そうは言っても、悪いことがあった時には、保護者に連絡をしなければならないだろう。

その時に、どのようなことを伝えるか。

次のような事例では、どのようなことを伝えればいいのだろうか？


友達と喧嘩になった。

言い合いがエスカレートしていき、最後には手が出てしまった。

かなり興奮していたが、なんとかお互いに謝ることができた。


「悪いこと」だけでなく、「良いこと」「今後につながること」を伝えたい。

例えば、次のようなことが伝えられるかもしれない。

①興奮していたのに、最後は謝ることができたこと。
②自分の非を認めることができたこと。
③相手のことを許すことができたこと。
④その後は、切り替えて学習に参加できたこと。

④以前は、すぐに手が出ていたのに、今回は我慢しようとしていたこと。

結果だけを見れば、「トラブルを起こし、暴力をふるった」ということだが、細分化していけば、褒める材料も必ず見つけることができる。それを伝えるようにしていく。

四　トラブル指導

トラブル指導は、保護者にも影響を及ぼす。トラブルの際の保護者への接し方も基本的な考えは同じである。

【良くない対応】
①厳しく叱る。長々と叱る。
②感情的になる。
③以前のことを持ち出す。→「許した」ということが嘘になる。
さらに、次の時にもまた言われると思うから素直になれない。
【良い対応】
①トラブルは成長の機会、指導の機会と捉える。
②感情的にならない。
③教師が気持ちを切り替える。→子どもも切り替えられる（ミラーニューロン）

【私（教師）と他の保護者との連携】

トラブルは、成長の機会だということを伝える。→　その子、保護者への攻撃が減る。

2　正しい家庭教育について話す

一　保護者にも正しい教育が必要

特別支援学級を担当して、家庭教育の重要性を強く感じている。保護者が良いと思ってやっていることが、子どもの成長に悪影響を与えているからだ。しかも発達障害の子には、それがダイレクトに影響してくる。

例えば、宿題について。


宿題を自分からしようとしないのです。どうしたら良いでしょうか。


これは、支援学級の保護者からの相談である。

ちなみにこの子は、お風呂に入る、着替える、歯磨きをするといったことも、ある程度時間通りに行うことが定着していない。だから、宿題をなくすことも提案したが保護者は受け入れない。しかも、保護者は宿題をさせることに固執した。

やってきた宿題を見ると、字がぐちゃぐちゃに書かれてあった。イライラしてパニックになった状態が、すぐに想像できた。また、宿題ができなかった時は、学校への登校を渋った。

学校では、宿題ができなかったら、どこかの時間でやることになっていた。だから、「宿題ができませんでした」と担任に言えば、それで終わりにしていた。しかし、「宿題をしなくちゃいけない」という強い思いから、登校を渋るようになったのだ。

そこで、保護者も本人も交えて話をした。

①勉強はいらいらした状態では効果がないこと。
②だから、イライラしている時には、取り組まないこと。
③できなかった時には、次の日の朝、自分からそのことを言うこと。それが大事な勉強。どこかでやればいい。
④できなくても構わないので、机の前には座ってみること。だいたい六時頃とする。

この①〜④は、すぐに保護者も子どもも納得した。

しかし、保護者がなかなか受け入れられなかったのが次のことである。


問題がわからない時には、答えを見てやる。

答えを見てしまうのではなく、自分で考えるのが大事なのではないか、と言うのである。この「自分で考えなさい」という戦後の学校独自の文化が、家庭にまで強く浸透している。

わからない時には、まず正しい解き方を知ることが大切。その上で、もう一度やってみる。

そのことの重要性を話し、やっと納得してもらった。

答えを見ることがＯＫになってからは、宿題をやってくる頻度がかなり増えてきた。しかし、イライラせずに普通の状態で「宿題をしていません」と言えるようになるまで一年かかった。そのぐらい、宿題というものの影響は強いのである。

二　メチャクチャな指導が多い

漢字を覚えていないからと、ノートに何十回も練習させる保護者がいる。

自分もやらされて嫌だったはずなのに、繰り返すのだ。保護者には、学習に関して自分の子ども時代の経験しかない。だから、間違ったやり方が再生産されているのだ。

私は、向山氏の「一日二〜三文字、食事前などに空書きをさせて確認する」方法を紹介する。そして、漢字を同じ回数だけ練習させることには意味がないことも付け加える。

自分の名前の字は練習する必要はない。同じように、家族の名前も同様である。知っている字、自分がすぐに覚えやすい字は、練習は少なくていい。その分を、覚えにくい字の練習に費やすべきだ。このように話すと、保護者は納得する。

また、九九の練習もだいたい間違っている。

保護者は、通常「６×７＝？」のように聞く。子どもが「48」と間違えると、「42でしょ」と正解を告げ、もう一度「６×７＝42」と言わせる。

これは、全く意味がない。脳的には、「間違った言い方」と「正しい言い方」を一度ずつ入力したことになる。これでは学習の進歩がないのである。だから、正しい唱え方だけを入力させる必要がある。つまり、読ませればいいのだ。

このような学習の間違いが、山ほどある。保護者にも脳科学の見地からの正しい教育が必要である。

三　保護者の困り感が軽減した

クラスに入れない五年生の男の子がいる。学校にも来にくい。四月、五月は絶叫しながら、外に飛び出していた。生徒指導の怒鳴り声が聞こえてきたことも何度かある。

その子が、一学期の途中から、なぜか私の学級に遊びに来るようになった。かつてつり上がっていた目が、支援学級に来ると、子猫のように垂れ下がる。

私の言うことはきちんと守る。

教室の出入りの時には、挨拶をする。私がいない時は教室に勝手に入らない。勉強時間になったら自分の勉強場所に戻る（ほとんどを少人数教室で過ごしている）。他の小さい子にもやさしい。教室に来るたびに、「よう来たな。待ってたよ」と声をかける。うれしそうだ。他の場所でキレていても、支援学級に来た時は穏やかな状態。

私とのやりとりを、コーディネーターや教頭に、ことあるごとに話している。それで、周りの対応も変わってきた。基本的に受容から始まるようになったのだ。以前は、「こういうきまりだ」というところから入っていた。これでは、拒絶するだけだ。

おかげで、その子の情緒はかなり安定してきている。学校にくる日にちも増えてきた。

ある朝、母親が教頭と一緒に教室にやって来た。私に会いたいという。最近、やっと医療にかかり、Ａ

ＳＤの診断が出たという。息子の口から私の名前がいつも出る。教頭から、いつも私が受け止めてくれているという話を聞いている。そこで会いたいとなったそうだ。

「いつもよく小さい子の面倒を見てくれます。約束をきちんと守ります。本当に良いお子さんですね」

そう話すと、母親の態度が一気に柔らかくなった。今までは話題にすら出すことができなかった支援学級への転籍を、母親が初めて会う私の前で口にした。四月から学校に行かせたいという。こんなに子どものことを理解してくれている先生がいるんだからと、話していた。

三学期から慣らしで少しずつ来てみようかという話になった。母親にＡＳＤについて、その場で障害の特性と基本的な接し方の方向性を話した。

①能力は高い。周りの接し方で伸びることも伸びないこともある。ゼロか一〇〇かという思考になりやすい。ゼロにすることは避けたい。一気にやろうとする。全部させようとするとゼロになりやすい。それを一〇や二〇に少しずつ上げていくことが将来に向けて大切。
②急な変更や頭ごなしに決めることは避ける。怒って言うことを聞かせようとするのは、向いていない。落ち着いた状態で、理解させていく。
③人と比べるのではなく、今の自分より少しでも力を伸ばしていく。そのような接し方の中で、成功体験・やって良かったという体験を重ねていく。

「うん、うん」と母親は聞いていた。

「面倒をかけます。すいません」と言うので、「全然そんなことありません。今よりもA君の力が上がっていくことなら、こんなにうれしいことはありません。大歓迎です」と話した。

「ありがとうございます。よろしくお願いします」と何度も頭を下げられ、教室を後にした。

後で、教頭から、「先生、ありがとう。母親が本当にうれしそうだった。私と話をして、すごく安心されていた。すっかり私に絶大なる信頼を寄せていた」と聞かされた。

一番困っているのは、母親なのだ。

四　保護者に感謝されたあの対応

担任している子どもの保護者が、ある朝、挨拶に来られた。私が担任になってくれたこと、交流学級が主任のクラスになったこと。そのお礼を言いに来られたのだ。おばあちゃんも一緒になって喜んだとのこと。

「これからを大切にしていきましょう」「うまくいかない時こそが実は自立への成長のチャンス」と話した。協力もお願いした。すぐに、校長・主任・管理職・交流先の学年主任にも報告。

このように保護者と子どもと他の教師をつなぐのも重要である。他の保護者とも仲良くなりつつある。学校VS保護者ではなく、そこに他の保護者も複数入れていくことで、関係性も変わってくる。

三学期末に、支援学級への入級に際しての面談を行った。その時、「知り合いがいない」「相談できる保護者もいない」と心の内を語ってくれた。他の保護者には、「こんなことならもっと早く支援学級に替わっていれば良かった」とも話していたという。

支援学級に転籍して二日目。彼に、クラスの役割を与えた。

「環境当番」「朝の窓あけ、帰りの窓しめ、連絡黒板への記入」が主な仕事。これで、朝一番から帰る直前まで仕事がある。朝来ることがなかなか難しい子であるため、大事な役割を与えたのだ。

「先生も一緒にやるけれど、できない時、忘れた時は一緒に助け合ってやろう」と話した。

今年も不安傾向・不登校傾向のある子が四人いる。どんな実践ができるか、楽しみにしている。

もっともっとできることがあるはずである。

III

特別支援学級のドラマ

第5章

教室の力が生み出すもの

1　たった一人の学級開き

一　二人きりで学級開きを！

ある年の学級開きのことである。特別支援学級は六人であった。そのうち一年生が二人いたので、四人での授業であった。

最初は、体育館で新任式。そして始業式。その後、それぞれの交流の学年で一時間過ごし、さらに交流の学級で一時間過ごす。

支援学級の顔合わせは四校時のはずだった。しかし、一人だけ朝から参加できない子がいた。

大勢の中には入れない。お母さんと一緒に支援学級で待機していた。しかも、春休みに風邪にかかっていて、それがまだ完治していない状況。体調も良くない。昨年は不登校気味で、気分がのったことだけしかしない。

一日に一時間程度しか学校にいられなかった。このままでは、顔合わせの前に帰ってしまう可能性もある。

そこで、他のクラスの先生と相談して、一足先にその子と私とで二人きりの学級開きを行うことにした。

二　一日二回の学級開き

最初は、趣意説明。

体調が良くないと聞いていました。

最初から無理すると、また風邪がひどくなる可能性があります。

だから、みんなより先に先生とのお話を済ませて今日は早く帰って休んでもいいですよ。

もし、悪くなって明日から会えなくなるのが寂しいから。


本人もお母さんも納得した。

次は、褒めた。私が話をしたことに、「はい」と返事ができたからである。

何度も何度も褒めた。お母さんにもどれだけすごいことなのかを、子どもの目の前で説明した。その子は、一気にうれしそうな顔になった。

続いて、手品を披露した。子どもは「すご～い」と歓声をあげる。手品の最中に、握手をもとめたり、手を触ったりする場面を設ける。不安傾向の強い子への対応である。

みつめる　ほほえむ　ふれる　はなしかける　ほめる

セロトニン５をこれでもかと使っていく。だんだんと効果が目に見えてあらわれてきた。

肩の力、目尻の力、手先の力がいい具合に抜けてきてリラックスできてきた。たくさん褒めた。

①手の挙げ方
②気を付けの姿勢
③返事

④目を見て話が聞ける
⑤立つ時にイスをしまえる
⑥挨拶の仕方
⑦片付けの仕方

……など、褒めて褒めて、褒めた。伸びる条件として、

①ていねいさ
②続けること
③チャレンジすること

……を話した。どれも彼の苦手なことである。

しかし一つずつ説明し、「頑張れそうかな？」と聞くと、「うん、頑張るよ」という返事が返ってきた。

そのたびに、お母さんが横でうれしそうに声をあげていた。


今、お話ししたことは、これからクラスのみんなにお話しする内容です。

A君だけに、特別に話をしました。

みんな知らないので、もし会っても内緒にしといてね。

とほほえむと、「うん、わかった！」とニコニコして返事が返ってきた。

これで、二人だけの秘密・約束もできた。最後は、スキップしながら教室を後にした。そして、「先生、明日も来るよ」と声をかけてくれた。こうして、たった一人の学級開きが終わった。

かつて、向山先生からたった一人の卒業式を行ったことを聞いた。今日は、たった一人の学級開きだった。一人でも全く同じように同じ時間を使って行った。これで、明日から、他の子と同じようにスタートができる。

A君が帰った後、今度は他の子が教室に戻ってきた。今度は、三人にA君と同じように学級開きを行った。こちらも褒めて、褒めて、褒めて、進めた。A君と三人にそれぞれ同じように学級開きを行った。

一日二回の学級開き——。

そうそうあるものではない。記憶に残る学級開きとなった。

2　最初の一週間で大切な「成功体験」

一　黄金の三日間の後に

黄金の三日間が終わった。しかし、ここで終わりではない。

黄金の三日間が終わって、残り数日が実はとても大事だ。

こんな事例がある。

ある学級の不登校傾向の子は、家庭環境の問題があり、昼夜逆転状態であった。以前から学校を休んだり、登校してもずっと寝ている。起こすと暴れる。だから、どうしようもできず、そのままにしていたという。
そこで、ケース会の相談が入った。記録を見せてもらうと、次のことがわかった。

年度の初めの一週間は、授業中に寝ていなかった。

さらに細かく見ていくと、

ひと通りすべての教科を経験した後に寝ている。

つまり、最初はやる気をもってやってみたが、一週間で「今年も無理だ」となったのだ。
チェックしていくと、自閉傾向もあり、「できる」「できない」に非常に敏感であることがわかった。

二　この子に、最初の一週間で何が必要だったのか？

それは、成功体験である。しかし、ここで必要なのは、ただ単に「できた」という成功だけではない。

その子が今まで難しかったこと。獲得が困難なこと。今後、この子への指導で必要となること。

そのことを取り上げて、事実で褒める。褒めて、強化するのだ。それができるのが、黄金の三日間である。
どんな子でも「今年こそは」という気持ちをもっている。

それをもっとも指導が難しい分野で使うのだ。

三　保護者も巻き込み、あらゆる方法で成功体験を定着させる

だから、私は新しく担任した「昨年すぐにキレて暴れていた子」に対し、次のような褒め言葉をシャワーのようにあびせている。

私は次のように言った。

「A君は、間違えても上手くいかなくても　キレないところが凄い。普通はイライラするもんだ」

「去年はキレていた」と答えた。

「やり直すことができるというのは、凄い才能なんだ。『できた』ことよりも『やり直そうとした』ことの方が一〇〇倍ぐらい立派なことだ。しかも、キレないというのは、一〇〇〇倍ぐらいの価値がある」

そのような内容を一筆箋に書き、連絡帳に書き、褒めた。

親からはさっそく、「去年までと全くの別人だ」と書かれた感謝の手紙が届いた。その手紙をその子と一緒に読んで、お母さんが褒めていることを取り上げて褒めまくる。自分でもやっていること、事実を褒められるからうれしいのだ。

こうやって、ありとあらゆる「もの」「こと」を使って成功体験を定着させていく。保護者も巻き込んでいく。そして、そのことを三日目以降も継続して続けていく。


三日目以降のこの一週間の間が、定着の基礎を作る時期。

なのである。

冒頭に書いた「ずっと寝る子」への指導では、担任はそのことを全く意識していなかった。だから定着しなかったのだ。年度当初は、「今年は頑張って起きていますから大丈夫です」と話していたそうだ。成功体験を定着させるという意識がないため、せっかくの成功体験をその場限りで終わらせてしまっていたのだ。

整理してみる。

A　黄金の三日間　　　　……成功体験を作る・自覚させる。
B　その後から一週間まで……成功体験をもとにしてそれを定着させる。

この意識が大切だと、子どもの事実を通して実感している。

もう一度、黄金の三日間を点検してみて、今後必要なことを書き出してみるといい。そのような視点があるから、私の実践は安定していくのである。これは、今まであまり書いていないことである。みなさんの参考になればと思う。

3　頑張りすぎない工夫はいろいろとある

一　毎日二〜三時間の登校を続ける

不登校の子がいる。翔和学園の実践から学び、積極的に休むことを取り入れている。毎日、嫌々ながらも一時間は学校に来る。そして、好きなことだけして帰る。それが、昨年のパターンだった。

今年は、最初ははりきって来ていたが、休み明けの四日目あたりからやはり、しんどくなってきた。そこで毎日来ることにし、さらに学校にいる時間を短くして、その間は学習を行うことにした。本人も納得した。

もちろん、四五分はもたないので、一日合計で二〜三時間程度、学習することとし、合間合間に休息をはさむようにした。

また、授業の中身も細分化して負担を少なくするようにした。

おかげで、それまでは帰る時に「疲れた疲れた」と言っていたのが、笑顔で帰れるようになった。

通常学級の担任をしていた時には、なかなかこのような対応はできなかった。

特別支援学級の担任となって以来、毎日がさらなる学びの連続である。

二　朝、家庭に電話する

ある年の支援学級担当の時には、携帯電話が欠かせなかった。朝、不登校傾向の子・保護者と連絡を取り合うためであった。

ある日のこと。二人に電話をした。

まずはAさんの保護者。

かつてお漏らしをしてしまった体験と、初潮が始まったことで、トイレに行きづらい。支援員の先生がいないと難しい状態である。

ところが急遽、一年生が公園へ探検に行くことになり、支援員さんがついていくことになった。そうすると教室に女性が不在になってしまう。そのことを伝えるために電話をしたのである。

電話の返事は、「それはもう大丈夫」とのことであった。しかし別の心配があったようで、声が震えていた。

明日の学年をあげての田植えのことだ。こういう行事の前（一週間ぐらい）は、不安になる。それが、日々の学習や活動にダイレクトに影響する。

「田植えは、後で支援学級の友達と行こうよ。その方が先生の体も空くし都合がいいんだ。そうしない？」

そう言うと、「ハイ」と安心した声で返事が返ってきた。後でお母さんに話を聞くと、そばで見ていてはっきりわかるほど表情が一変したそうだ。「ありがとうございます」とお礼を言われた。

次に、Ｂ君の保護者。

前日は不安定だったが、キレずに帰った。今日は、もともと休みの予定にしていた。本人も「休む」ということであった。ここで、どんな声をかけるだろうか。


「よし、ＯＫ。先生もその方がいいと思ってたんだよ。休みの予定の日も来てもいいんだけど、どうしても行きたくて行きたくてたまらない、家にいるのは嫌だって思うようになるまでは、休んだ方がいい。その方が無理せず体力がついていく。今日は、元気に休みなさい。その代わり、家で勉強を少し進めてください」

そう言うと、「ハイッ！」と元気のいい、明るく爽やかな返事が返ってきた。今までの彼と少し変化してきているのを感じた。

Ａ君は学校に来て、授業中、笑いながらこう言っていた。

「学校にきたら、面白いことばっかりあるからおかしい」

帰りには、「明日は給食時間に家に帰ってから、午後も来ます」と言ってきた。

給食時間は大勢の子が動くので不安なのである。そこで、ずっと給食前までの四校時で帰っていたのだ。

その子が、私が連絡帳を書く前に、自分から「明日は午後も来ます」と言ってきたのだ。満足しているのがよくわかった。

その日は三〇度を軽く超す猛暑だったが、おだやかに一日を過ごすことができた。

三　時間を決める

ある不登校の子が連続で登校している。頑張りすぎて体力がゼロにならないように、抜く日も決めている。

ある日は四校時を終え、給食まで食べて全日程を終了して帰った（家庭訪問中のため四校時）。

翌日は二校時終了で帰った。やはり、疲れが出たとのこと。

宿題も少し増えて、それも負担だったようである。本人と相談して、量を調整した。それで、楽になり、家での宿題もやる気が出てはかどるようになったそうだ。

「頑張って休む時間・日もつくる」ことは、先にも触れた通りだがとても重要だ。

家庭訪問の日。最初は保護者と子どもと三人で話し、その後、保護者と話す。

「一番不安なことは？」という問いに、

校外学習などが、一番大好きな揚げパンの日に重なったらと思うと心配になる。

と答えた。もちろん本気である。「もしそうなったら、お母さんに買ってもらおう」と提案した。

ただし、人気があって売り切れも予想されるので、その日には無理かもしれないけれど、一週間以内ぐらいで買ってもらうというのはどうかと話す。このように逃げ道を作っておくことが重要である。そうでないと、パニックになる。その次の心配が運動会であった。

さらに三番目の不安が、

勉強についていけるか。

だった。

毎週、木曜か金曜日に、来週の予定を考えることになった。例えば、月曜日は二校時まで。火曜日は四校時・給食まで。水曜日は休み。木曜日は、二校時。金曜日は四校時給食まで、など。

食にこだわりのある子だったので、給食のメニューも見ながら決める。

ある年も、最初はフルパワーで頑張って五月に息切れした。学校に来てもビデオを見て帰る程度。学習はゼロ。「今年はここまで、無理のない程度で長く続いているのでうれしい」とお母さんは言った。無理しすぎている様子もあまりないようだ。

この不登校の子の夢は、整体師。なぜか、マッサージが異常に上手い。毎日、支援学級にあるマットを用意して、私のマッサージをしてくれている。その周りに他の子も集まってきて、ほのぼのと会話をかわし、みんなの癒しのひと時となっている。

遠足にも行きたいと話している。目的地にお母さんに来てもらい、帰りはお母さんと帰ることが、相談してきまった。

集団を見ると、ドキドキしてそばに寄れない子。教室を見ると、疲れが出てしまう子。みんなできるようになりたい気持ちがたくさんある。でも、できないのが苦しみなのだ。

通常学級では経験できない毎日。本当に楽しい毎日である。

四　二学期三日目、約一年ぶりに給食を食べた

不登校気味の子がいる。

ある年から私が担任することになったその子は、正確には一日に一時間程度、登校することがよくあった。休みも当然多い。一時間ほど来て何をするかというと、自分のやりたいようにやるだけである。人から言われたことは、何もしない。以前は登校しても教室に入らず、徘徊してそのまま帰ることも珍しくなかったそうだ。

私が担当したその年、「始業式に来られるかな」とその子と話をしていた。果たして、その子は登校した。私とその子と、「二人きりの始業式」を行い、たくさんたくさん褒めた。

二日目の金曜日のことである。

私は退任式のため、前任校へ出張した。その日は、以前担任してもらった先生の退任式で、手紙を渡すんだと学校へ無事に来ることができた。前の日に、自習三時間分のシミュレーションをしていたので、その課題にも全部取り組めたそうだ。

そして、三日目。朝、少し遅れて登校してきた。保護者からの連絡帳には、「給食を支援学級で食べて帰らせてください」とあった。

この子は、昨年、ほとんど学校で給食を食べていない。それが、朝の段階で、その気になってきているのだ。

今日は、勉強も頑張った。本読みでは、音読テストに何回も挑戦した。黒板の詩を少しずつ消していく暗唱では、最後まであきらめずに挑戦した。

給食もおかわりまでして食べた。それどころか、お母さんが来ても昼休み・掃除までして帰りたいと話している（昼休みに外で遊ぼうと私と計画していたためであった）。しかし、昼に雨が降って外遊びはできなくなり、残念がっていた。

久しぶりの四時間の勉強と給食であった。ほとんどまともに学校での生活をしていなかったので、やはり体力が落ちている。気持ちはあっても、体がついていっていない様子であった。なので、本人とお母さんと相談して、その日は給食後に帰ることにした。最後は、「また明日！」と元気に帰っていった。

この子が給食を持って歩いていた。昼まで続けて学校にいた――。

そのことは、学校の中でちょっとしたニュースになったのだった。

4　一人ひとりの子どもの笑顔、生きる力のために

一　何年かぶりの笑顔

一学期末から完全に不登校になっていた子が、登校してきた。

家庭もいろいろな要因でぐちゃぐちゃになり、一時は福祉が入って保護者が養育放棄しかかっていた女の子。広汎性発達障害があり、通常学級では集団に入れず、不安傾向も強い。

その子が二学期から支援学級でスタートすることになった。私の学級であった。私の学級は定員いっぱいの八名。これで九名となる。保護者、担任、管理職、支援員……様々な人と連携をとり、どのようになっても対応可能な状態にして、初日を迎えた。あとは、その子が学校に来てくれるだけ……。

そして、来た。

夏休みに支援学級の見学をして、その時に、初日の予定を子どもと一緒に決めておいたのだ。しかし、予定は未定。当然、変わる。だから、予定通りいかなかった時にどうするかが大事なのだ。

案の定、通常学級に行くと決めていた時間になっても支援学級にいたいと言う。しかし「0か100か」ではなく、間の方法を選択することが大事な力なのだと、その場で教えて褒める。

その結果、三時間とも、参加できる時間帯を自分で選択して、通常学級の集団の中にも入ることができた。そのことを一筆箋に書いて読みながら、また、「教えて褒める」。こうやって少しずつ大切な行動様式を入れていき、自信をもたせていく。

二時間目あたりからは、笑い声も聞かれるようになり、私と他の子どもとのやりとりに、お腹を抱えて笑う姿も見られた。

この子が学校でこんなふうに笑ったのは、何年ぶりなのだろうか。一学期、日記帳に「生きていくのがつらい」といったような文章を書き続けていた子が、お腹をかかえて笑うのだ。私も一緒に笑った。

帰る前に、「もう、支援学級の生活の仕方は慣れたでしょ」と言うと、「うん」と頷いていた。最後に、きちんと挨拶をして「また明日！」とさよならをした。

この子の支援についていた支援員さんが、こう話していた。

「この子の交流に行っているクラスは、ざわざわしていて落ち着きがない。予定もころころ変わる。何をしていいかわからないことが多いのです」

担任は、若手教師であった。不安・不登校になったのは、障害の特性ももちろん関係がある。家庭の状態、複雑な状況ももちろんある。

しかし、この導火線に火をつけたのは、明らかに担任である。ある日も、予定していた一〇時にこの子が教室に行くと、「まだ、夏休みの宿題集めが終わっていないから、後でもう一度来て」と言われたそうだ。

こんなにボロボロに傷ついて、やっとの思いで学校に来て、そして勇気を振り絞って教室にあがった時に、このように言われたのだ。

放課後、担任がお礼にやってきた。

「気をつけることはありますか?」と聞くので、子どもの状態を話し、予定をころころ変えないこと、一度、言ったことは約束と同じなので、約束を破らない、軽々しく約束をしない、といったことを厳しく話した。

ショックを受けたようであったが、再度、「絶対にダメだ」と念押しした。

明日からが本当の勝負であった。しかし、たとえ明日、来られなかったとしても、「今日のその子の努力は消えない」のだ。

生きる気力を生み出す。

そのための仕事に私は全力をつくす。

二　「もう大丈夫」子どもの言葉に心が震える

不登校傾向だった五年生の男の子のある会話を聞いた。心が震えた。

金曜日、研修のための出張で私は不在となる。その子は二・三校時を学習すると自分で決めて登校した。しかし学校に来て、やっぱり四校時までやりたいと変更した。ところが学習を進めていくうちに少し疲れが出て、やはり「四校時の学習は取り消す」ことにした。その時の言葉である。


前は、決めた通りにならないとイライラがとまらなかったけど、もう大丈夫。「気持ちはその時その時で変わる」ことがわかったから、今はすごく楽になった。


前年度はうつと言われた子。一学期は、登校する前から「もう帰る！」と泣き叫んでいた子。励まし続け、一つずつ気持ちと行動の意味を教え、どんな時でも肯定してきた。

やっとここまできた――。

このことの価値をお迎えにきたお母さんと一緒に話し、その子に聞かせた。お母さんと一緒に「やったやった」と喜んでいた。その上で、今後の目標を一緒に考えた。

私も、支援学級を担当して、自分自身が成長できたと思う。

三　当たり前のことを幸せに感じる

昨日、今日と、私が担任する支援学級の児童六人全員が揃った。そのうち四人が、朝の会の時間にいる。これは一学期のことを考えると、奇跡のようなこと。支援学級になって、それまでは「当たり前」と思っていた一つひとつのことに感激する。

今まではそんなことを思ったこともなかった。自分は冷たい教師だったと思う。神様がそんな自分に考える機会をプレゼントしてくれているのだと思っている。

不安傾向のある四年生の男の子は、今日、初めて一人で朝の時間に登校できた。

母親から、朝、弾んだ声で電話がかかってきた。

「先生、今、一人で家を出たんです！」

一緒に、喜んだ。

さらに重症の不登校傾向の子が五年生にいる。男女一人ずつだ。こちらも、一日安定した状態で過ごした。昨日に続いて二日連続。女の子は四時間、男の子は二時間、学校で過ごした。これも支援員の先生と喜んだ。

二人が穏やかに帰ると、ふっと肩の荷がおりた気がする。どっと疲れが出る。しばらく横になりたい。イレギュラー、エラーがあっても叱らない。感情の揺れは、表に出さない。いつも褒めるところを探している。外から見ると、私の様子は穏やかに見えるだろうが、常に格闘しているのだ。

週の最後で、子ども達も疲れがたまっている。五年生の男の子が眠たいと言うので肩を触ってみると、大人のようにガチガチだった。そこで、勉強を中断して二〇分ほど本格的にマッサージをした。最後はすごくやわらかくなり、柔和な表情になり、そこから家庭科ワークを一ページ進めた。

四年生の男の子も交流学習が多かったためか、肩が張っている。こちらも一〇分ほどマッサージ。四年生の子どもが、大人のように「気持ちいい」と言うのだ。どれほどのプレッシャーの中で日々を過ごしているのかが、これだけでわかる。もみほぐすと、こちらも安心した表情になり、元気に次の学習に、交流学級へと向かった。

もう一人の五年生の女の子も、不安傾向が非常に強い。四校時のパソコンには行かないと言っていた。五、六年生に会うかもしれないから、それが怖いのだ。こちらもプレッシャーを感じたので、三校時の算数を一〇分ほどで切り上げて、クラスの新聞づくりをお願いした。

それで、一気に安定した。安定すると、思考や行動まで変わってくる。予定を自分で変えて、パソコンに行くことにしたのだ。全員の子と、「じゃあね、良い週末を！」と言って、さようならができた。

この当たり前のことが、幸せに感じる。

四　教育の力を実感！　うつの診断が取れた

うつの診断がおり、学校に来ただけで「疲れた！」とキレて帰っていた子が、今日は朝から六校時までずっと過ごした。

うつの診断は昨年、取れた。そして先日、無理だと言われていた修学旅行にも参加した。九月に入ってからは一度も休まなかった。九月の後半からは毎日、給食を食べている。

ここまで来るのに、一年と七ヵ月かかった。あの子がこんなふうになるとは、学校の誰もが想像していなかったという。

暴れても、キレて帰っても、ひたすら励まし続けてきた。何度もあきらめそうになりながら、それでもあきらめなかったのは、向山先生の実践があったからだ。

向山学級の学級通信「スナイパー」の、「子供の成長は教師の成長に規定され、教師の成長は、子供の投げかける課題をどう受け止めるかに規定される」「日本中で、困難にぶつかりながら教育の仕事に打ち込んでいる名さえわからぬ仲間達に、ぼくもまた、自分の場でその仕事に全力を尽くしていると伝えたいと思った」などの言葉が、いつも自分に突き刺さる。

一人ひとりを見るということがどういうことなのか。支援学級の担任になり、この子達と接した中で、初めて理解できたように思う。

それまでの自分は、全然ダメだった。この子は帰る時、今でも「さようなら」ではなく、「先生ありがとう」と言う。不安が強く、信じてくれたという想いが何よりも必要なのだ。

これからの私の仕事は、この子が卒業した後も自分に自信をもち、困難なことにも立ち向かっていけるようなたくましさを身につけさせていくことだ。

子どもの成長を待ち続けられる教師になりたい。

第6章

参観者が語る：「小野学級は子ども達が生き生きしていた」

1　教えないから子どもは満足する（熊本：東田昌樹氏）

熊本の東田昌樹氏が、小野学級に一週間、視察に来られた。そこで、小野学級のシステムについて東田氏の視点で分析してもらった。

一　子どもが何をやっていいかわからない状況がない

空白がない。子どもが質問に来ない。今やることがわかっているので集中する。

驚くべきは、チャイムが鳴ったらどの子も自分で授業を始めることだ。教師の「漢字スキルを始めなさい」という指示もない。

小野先生は、基本的に最初の指示もしない。やることがわかっていれば必要ない。

この方がはやく授業モードに入れる。

二　システムになっている

1　「漢字スキル」
2　漢字ノートに宿題準備
3　音読の赤丸チェック
4　音読

5 「うつしまるくん」

一つひとつができたら見せに行くシステムになっている。「指示」→「確認」「褒める」（子どもが見せにくる）という流れである。

子どもが何をすればいいかがわかっていて、自分のペースで進められる。

だから、空白が生まれない。

小野先生がいなくても、子どもだけで進めていける状態である。

三 早く終わったら自由時間がある

二五〜三〇分程度で、授業内容が終了する。二時間分やろうとすればできる。

しかし、小野先生曰く「無理が生じる」とのこと。

早く終わった子どもは、後ろの机を並べたスペースで自由に過ごしていい。声を出さずに静かに過ごすことができている。折り紙をしたり、本を読んだり、お絵かきをしたりする。「余暇指導」がなされている跡がある。

個別指導は、量をしすぎることが生じる。無理はさせない。

四 まさに「教科書通り」の算数の授業

算数の授業は想像の外であった。子どもが「自分で問題を読んで自分で解いていく」、まさに「教科書通り」の算数の授業である。

1　教師の前で問題を読む。
2　自分の席で問題を解く。
3　教師に見せに行く。

わからないところは聞きに行く。しかし、余計に教えない。その子にとって必要なことだけを教える。子どもは、小刻みにノートを持ってくる。教師は教えない。作業をさせて理解させる。だから、「わかった！」という声がよく聞かれる。達成感を感じた瞬間なのだ。

2　一人ひとりへの対応と、綿密な学級経営（愛知：小川晋氏）

一　小野学級の様子

小野学級では、八名の子ども達が学んでいた。二年生二名、三年生三名、五年生四名の学級である。その内、二年生の一名だけが女子であった。私は八時一五分頃におじゃました。

教室に行くと、すでに宿題のチェックや連絡帳のチェックなどが行われていた。チェックが済むと、そのまま漢字の勉強が始まった。そこから休み時間を挟みながら一〇時二五分まで、子ども達は集中した状態で学習を続けた。

メニューは一人ひとり違う。それぞれの子ども達の力に合わせた課題が出されていた。

小野先生はほとんど黒板前に座っていた。活動が終わるたびに子ども達は小野先生のチェックや指導を個々に受けにきていた。

ぼーっとしている子や、他ごとをしている子などは一人もいなかった。パッと見てそれぞれ何らかの発達の凸凹をもっているようには見えなかった。しばらく観察していると、こだわりなど見える子もいたが、高学年になるほど、それがわからない傾向があった。

本当によく育っているなという印象を第一印象で強くもった。

二　成長を自覚する子ども達

休み時間に「この学級に来て、自分が変わったなあと思うことは何ですか？」という質問をした。A君は「さわがなくなりました」と答えた。B君は「勉強ができるようになりました」と答えた。すばらしい子どもの事実だと思った。きっと小野先生が、子ども達の成長を見逃さずに褒めたり、変化を自覚させるような言葉がけをしたりしているのだろうと思った。

三　躾

小野先生が指示を出すと、どの子も「はい」と返事をする。大きすぎず、小さすぎず、ちょうど良い大きさの返事であった。

交流学級に行く前には「行ってきます」、下校前には「さようなら」と一人ひとりがきちんと挨拶をする。学級参観に来た私にも「さようなら」と進んで挨拶をする子がいた。「お願いします」「ありがとうございます」なども正しく使うことができていた。

それに、やっていいこと、良くないことの判断に迷う時には「小野先生、～してもいいですか？」と自ら小野先生のもとに尋ねに来ていた。

小野先生は、最初は真似をさせたり、一緒にやったりすることから始めたと言っていた。

小野先生が教えたことが、スキルとしてしっかり子ども達の身についていた。

四　神業

一・二時間目は、ほぼ全員が小野学級での授業であった。

それぞれ時間割、授業の進度も違うので、小野先生は一度に八つの授業を進めなければならない。ある子には漢字の指導をし、ある子には算数の指導をし、ある子には読みの指導をしているという状況である。

驚いたのは、小野先生のところに来る子どもに合わせて指導の仕方が違うことであった。

ある子には速いテンポで指導を進めたかと思うと、別の子にはゆったりしたペースで指導をしたりする。その間に、学習につまずきが見られた子どもに声をかけたりしていた。誰がどこまで学習が進んでいるのかを常に感知し、必要な手入れをされていた。

五年生で算数の勉強をしている児童が二人いた。最小公倍数の授業であった。それぞれのレディネスや学びとるスピードは全然違うのであるが、最後は二人とも教科書の問題を解くことができていたのに驚いた。

それでいて、その間に別の子に漢字の指導や計算の指導をしていた。

さらに驚くことに、五年生も三年生も二年生も授業の進度が通常学級よりも早い。三年生の二人は、もう算数の上の教科書はほぼ終わっていた。

もう神業としか言いようがない。こうした力は、「学校以外の仕事に大量にあたることで身についた」と小野先生は言っていた。

小野先生が現在抱えている学校以外のお仕事の数がとても多いのに驚いた。それらを同時進行させていることも驚きであった。

五　配慮

Cさんという女の子がいた。こだわりが強いという印象を受けた。五時間目の前にその子が指をけがしたので、小野先生はバンドエイドを貼ってあげた。そして、交流学級に送り出す前には「もしとれてしまったら、またつければよい」と声をかけていた。そう言ってあげることで、交流学級でパニックになったり、フリーズしたりする可能性が減る。このようなさりげない配慮が無数に見られた。

B君という男の子がいた。最近けがをしたそうで、痛そうであった。体育は見学の予定だった。小野先生は、「見学でも帽子がいるかもしれないので、確認してきなさい」と声をかけていた。帽子を持たずに出かけてしまって失敗が起きてしまうことのないようにする配慮であった。

どの配慮も注意深く見ていなければわからなかった。

小野先生は、それくらいさらっと、さりげなく指導していた。

六　システム化

子ども達が朝、学校に来ると、机の上にクリアファイルが置かれている。その日の予定が書かれたものであった。始業の時間になると、それを持って交流学級に行く。予定の変更等ないか確かめるためである。安易な予定の変更が起きないようにする工夫だと思った。子ども達が安心して勉強できるようになっていた。

あまりに配慮のない交流学級の担任には、厳しいことを言うこともあると小野先生は言っていた。「この子達を混乱させてでもやる価値のあることなのですか」と尋ねるのだという。子どもにとって価値のあることだけをしていくのだという意志が強く感じられた。

他にも、子ども達が時間割を黒板に作ることで、その日の日程を確認することができるようにしてあった。クリアファイルに収められていた向こう一ヵ月の予定には、所属学年ごとで行われる行事の情報も挟まれていた。こうすることで複数の学年の子どもを担任しても、交流先での混乱を防ぐことができるのだと思った。

これらのシステムは氷山の一角である。いたるところで、子どもが安心して生活できたり、力をつけたりできるようなシステムが導入されていた。

七　形式を排除する

子どもにとって価値があるかないかが、指導の良し悪しの判断基準になる。

C君は、かつて席に着いていられなかったそうである。前に在籍した学校では隔離されていたとのことであった。

小野学級に来たばかりの時も、給食の時間ですら、じっとできなかったようである。だから最初は二時間だけ勉強をするところからスタートしたのだという。私が参観した時は立派にすべての授業を受けていたので、よく育っているのがわかる。

「六時間、学校で勉強を頑張る」というのは私達にとっては当たり前のことかもしれないが、それを強いることで結果がマイナスになる状態の子どももいる。

Ｃ君は単元のテストも行っていない。単元が終わったらテストをするというのは、思い込みにすぎない。今、テストをすることで子どもにマイナスの影響が出るのならばやらなくてもいい。

私達が良かれと思うことでも、子どもにとっては害になっていることは、他にもある。

各地で見られる帰りの会などがそうである。子どもは早く帰りたい。その日の反省などしても、聞いていない子がほとんどである。そこで叱責を受けるほどのエラーが起きるのなら、帰りの会は逆効果である。

このように、教師が良いと思い込んでいることも、本当に良いのかどうか、子どもの様子に合わせて吟味する必要がある。

小野学級では、健康観察はもちろん行われている。しかし各地の朝の会で見られるように、名前を呼んで返事をさせることはしない。始業以前に宿題チェックなどが行われており、その際に顔色の観察、けが等の確認は済んでいるからである。

待つことが苦手な子にとって、全員が返事をするのを待つのは大変苦痛である。そこでエラーが生じるのならば、朝の会での呼名には価値がないと言えるだろう。

八　褒め方

全体を通して小野先生の指導のトーンは高くも低くもないという印象であった。淡々としているという感じである。

褒めることも子どもに合わせて頻度やトーンが違う。レベルの高いスキルを獲得している子に対して、レベルの低いスキルができたことを褒めたりすることはない。褒めたとしても、「良し」「合格」「○をつける」など、短くさらっと子どもの努力を認めているという印象であった。

もちろん、ここぞという場合は笑顔でにっこり頭を撫でる場面もあったが、回数としては、それほど多くはない印象であった。無駄な賞賛はせず、必要な賞賛のみする、というのが正しい表現かもしれない。いつも最高の褒め方をしていると子ども達が慣れてしまい、エネルギーの割に子ども達のスキルが強化されなくなるのかもしれない。

九　いつも同じ

見学に行くことで子ども達が乱れないかと心配であった。

最初は子ども達を過度に刺激しない場所で参観し、徐々に子ども達に近づいていくようにした。この努力は結果として不要だった。子ども達は、私がどこにいようが終始乱れることがなかったからである。

最初はお客さん慣れをしているのかなと思ったが、理由はそれだけではなかった。小野先生がいつもと変わらないのだ。お客さんがいようがいまいが、いつもと同じように授業を進めていることが、子ども達が乱れない最大の原因だと思った。

一〇　自立

掃除の時間を観察した。

小野先生はいなかった。始めから終わりまで、子ども達だけで進めた。全員さぼることなく、それぞれの役割を当たり前のように遂行していた。五年生のB君は、二年生のAさんに机の運び方を教えていた。

二　厳しさ

その子が乗り越えられそうなことができない時は、ずばっと指導されていた。

文章題に答えられなかったD君に、「問題に答えていません」「0点」と端的に指摘していた。E君のノートを見たが、「×」もいくつかついていた。はっきりとした×である。

良い意味での厳しさをここで感じた。緊張感のある場面をセットすることで集中が増すこともある。

いずれのケースも最後は「○」がもらえていることから、小野先生が意図的に緊張をつくっているのではないかと推測する。

三　必要・必然

無駄なことを削りに削っている、というのが強く印象に残っている。

小野先生がされる声かけも、必要最低限である。すべての行為が必要なことだけで組み立てられていくので、密度の濃い学習を保障することができるのだろうと思った。

これらが小野学級を参観した私が整理したことである。

3　一歩入ったら違う！　子どもが生き生きと明るい（岡山：梶田沙織氏）

一　子どもに優しい対応

怒鳴らない。

特別支援学級の前を通りかかると、たまに大きい声が聞こえてくる。先生が指導しているようである。果たして、そこまでする必要はあるのだろうか。

小野学級では、子どもを大きな声で怒鳴ることはしない。

いけない行動をした時は、「Aちゃん、悪い言葉だよ」とか「ごめんなさいは？」というように、淡々と言う。これだけで、Aちゃんは反省することができていた。

他の子どもに気付かれないように、そっと対応する。

五十音を最初から最後まで唱えたら座る、というところでB君がつまっていた。

その時、小野先生はそっとB君のそばに行き、小さな声で唱えてあげた。みんなが読みはじめてからちょうど読み終わるまでの間だった。

「特別支援の必要な子への対応」と聞くと、教師が常に子どものそばにいて、みんなの前でも手厚く対応しているイメージがあった。しかし、小野先生はぴったりくっついている感じではない。そっと対応している。

小野先生は、通常学級の子どもと同じように対応しているのだと考える。

スキンシップをとる。

休み時間の間、小野先生のそばには常に子どもがいた。

「おんぶ、おんぶ」と言ってくる子、「あ〜」と叫んでいたのに小野先生にだっこされて落ち着く子、さまざまであった。普段から、よくスキンシップをとっているのだと思う。

小野先生のそばにいる間、子どもはとても落ち着いた、にこにこしたいい表情をしていた。

二　教室環境

机をコの字型にしている。

私の勤務校の特別支援学級の机配置は、全員前を向いている。

特別支援学級は「個への対応」なので、それが当たり前だと思っていたが、違った。

小野先生のクラスは、情緒・自閉症学級でありながら、下の写真のように相手が見える
ような机配置になっていることに驚いた。

授業の中では、Aちゃんが隣のCちゃんにコソコソ話で教えてあげる場面があった。コミュニケーションが苦手な児童とは思えない行動であった。普段は、真ん中に移動式の椅子を置くことで、椅子を移動させながら個別指導をするらしい。

三　子どもが生き生きとしている

子どもが明るい。


まず、教室に入ってびっくりしたのが、「本当に特別支援学級のクラスなのだろうか」と思うくらい、子ども達が笑顔で生き生きとしていたことだ。

通常学級と変わらない！（むしろ、私の学級より笑顔が多い！）

それは、小野先生が常に笑顔で子どもに対応していることや、シャワーのように褒め言葉をかけていることで、セルフエスティームが高まっているからである。

子どもの様子こそ、他の特別支援学級と全く違う点である。

4　四五分の中にちりばめられた、子どもが満足し自信を深める微細な対応（岡山：梶田俊彦氏）

一　いけないことはいけないと、さりげなく伝える

二年生の女の子Aさんが授業中に板書する時、ハプニングが起こった。

Aさんが、持っていたチョークを小野先生になげつけて席に戻っていった。

その時、小野先生はどう対応したか。

Aさん、ごめんなさいと言います。（文責：梶田）

何もなかったかのように、淡々とした指示であった。しかも、きわめて短い。

Aさんは、はっきりと「ごめんなさい」と言った。

それで終わりだった。再び授業が進んでいった。というより、止まった感じがなかった。すぐに、小野先生は次の発問にいった。注意されたAさんも、こだわりを見せることなく次の活動に入っていった。


いけないことをさりげなく注意しているのが、自然な流れであった。一瞬なので、全く気にならなかった。

後の協議会で、Aさんはとてもこだわりが強く、昨年度は運動会の練習にはほとんど参加できず、小野先生が付き添い、関わることでやっと練習した、ということを聞いた。そのAさんが「ごめんなさい」と言い、何もなかったかのように授業は進んでいった。

二　間違えてもへこたれず、次々に手を挙げて発表しようとする

子ども達が発表する機会が多い授業であった。発表しながら考えているといった感じであった。子ども達は、小野先生の言葉をとてもよく聞いていた。

「五十音図は何年前にできたのか」

難しい問題である。小野学級の子は、次々に手を挙げて発表した。正解は出ない。しかし、子ども達は

何度も手を挙げて発表する。間違えることを恐れていない様子であった。理由は次だと考える。

先生の、「受け答え方」が子どもに満足感を与えている。

「残念。ちがいます」「おっしい！　ほとんど正解」「残念、九五点！」
すごく楽しそうな口調の小野先生の受け答え。同時に、受け答えをしている時の小野先生の表情が、満面の笑みであった。子ども達の表情はにこにこ明るく、間違えても気にしている様子はなかった。
次も発表しても大丈夫だろうなという安心感を、そばで見ている私も感じた。

三　一人ひとりの目を見て、そばについてさりげなく声をかける

B君は、語彙が少なく、しゃべるのが苦手。これまで緘黙があり、ほとんどしゃべらなかったという。発表するなど考えられなかった。そんなB君が、この授業では何度も発表していた。
黒板の五十音図を書き込んで、みんなで埋めていく時、B君は最初、「た行」か「な行」を書くように小野先生から言われた。
黒板の前に来た時、B君は「ま行」の前に立ち、続きを書こうとした。

小野先生はその動きを見逃さず、B君のそばに歩み寄って声をかけていた。

さらに、「み」を書こうとして失敗したのであろう。小野先生がすっと近づき、間違えた文字を消して

いた。B君は何もなかったかのように続きを書き進めていた。

もちろんB君だけではない。考えている時、発表している時、発表を聞いている時など、必要な子のそばに行ってアドバイスする様子が何度も見られた。

小野先生は次のように言われた。


子どもを見て不安が強い時は、ずっと声をかけていることもある。

発表の様子ややり方などを例示として見せ、真似させる。

また、すっとそばについてさりげなく声をかける。

それで不安がなくなり、発表できる。


このような関わりが、年間を通じてずっと行われているからこそ、子どもが育つのだと実感した。

5　必要なスキルをきちんと習得できる小野学級（岡山：小野仁美氏）

一　小野学級を参観する

一年前。「どうしても小野先生の授業を見たい」――その一念で、突然、小野学級を訪ねた。

ちょうど社会の時間だった。特別支援学級の児童にとって、「何の予告もなく知らない人がやってきて、自分達と同じ空間にいる」ということは、かなり抵抗があるはず。今から思えば、とんでもないことをしてしまったと、汗顔ものだ。

しかし、小野先生と小野学級児童達の厚意で、見ることができちゃったのである。その時間、小野学級には二人の児童がいた。学年の違う二人に、その時間は、個別でなく一斉授業。学習内容は、身の周りにあるマークとその意味について。

二人を向かい合わせて、真ん中に小野先生。次々とテンポの良い発問が繰り出される。時々、私の頭は発問のスピードについていかない。児童はというと……小野先生の発問に対して、どんどん答えていく。心が弾んでいる様子が、体全体から伝わってくる。

小野先生はにこにこ笑顔で発問をされながら、その度に、さりげなく広げた教科書に指を置き、何かを指し示しているように見える。

「あれ？」気になって、そこに注目。そして、初めて気が付いた。


発問に答えているのは、Aさんだけ。B君は、言葉が出にくいのか、黙ったままだ。じっと、一点を見つめている。その視線の先を追ってみると、そこに小野先生の指があったのだ。B君は、小野先生の指さす場所をヒントに、何が話題になっているかを知り、思考していたのだ。


小野先生は、時々テンポを変えて、B君に発問された。B君はその発問に、首を縦や横に振っている。B君が無理に言葉を発しなくてもいいように、「はい、いいえ」で答えられる発問にしているのだ。そういう時は、Aさんも自分が答えると主張したりせずに、B君の様子をじっと見守っている。

担任して、たった二ヵ月ほどの間に、ここまでのことを子どもに身につけさせられている。一年後には、

Aさん、B君はどんな風に成長しているのだろう。それを考えると、わくわくした。

それと同時に、わが身を振り返り、身の引き締まるような思いがした。

二　教師ともめた子どもへの小野先生の対応

授業後、Cさんが交流から戻ってきた。一緒に戻って来られた支援の先生の表情が険しい。どうやら、先生ともめて暴言や暴力をふるったらしい。

事情を知ると、小野先生はすぐにCさんを抱きかかえた。にこにこ笑顔のまま、なぜそんなことをしたのか、理由をCさんに尋ねる。

「そっかあ。でもね……」と、道理を説いた後、もう暴力や暴言はしないと約束。その間、小野先生は終始笑顔だった。Cさんも、つい先ほどまで暴力や暴言を吐いた人とは思えないほど、穏やかに話をしていた。ただ、Cさんは謝ることが大の苦手らしく、その点に関しては、かなり、ごねごね星人に変身していた。

後から、実はAさんは集団が苦手で不登校気味だったこと、B君は自分の声にコンプレックスがあり、前年度は発声できないばかりか意思表示もあまりしない状態であったこと、D君はうつ症状で学校に来ることがほとんどできていなかったことを聞いた。

それを知って、ますます驚いた。確かに給食前に下校していたAさん。人間がたくさんいる学校は、彼女にとって苦痛なのだろう。しかし、授業中の積極性や生き生きした様子から、小野学級の中だけは、きっと楽しいに違いない、と感じた。

また、前年度は意思表示をほとんどしなかったB君が、授業の中ではちゃんと首を振って答えていた。二ヵ月でこんなにも変わるという事実に、わがクラスの生徒を思い浮かべて、勇気が湧いた。

この時に見た小野先生のB君への対応を真似して、全く意思表示ができずにいたわがクラスの緘黙の生徒と、ジェスチャーや筆記でコミュニケーションが取れるようになった。

私にとって、宝物の一時間をもらった。

三　一年後の子どもの姿に驚く

一年後。学校公開日。再び、小野学級を参観する機会を得た。この日を首を長くして待ち望んでいた。授業は国語。一斉授業。生徒の様子に焦点を絞ってみる。

Aさんは、五時間目にもかかわらず姿があった。すごい！　午前中が精一杯だった彼女が、フルに一日学校にいる。それだけでもすごいのに、「後ろの（参観している）先生方に聞いてもいいよ」の指示に対して、なじみのない先生方にも自分から声をかけ、尋ねている。あまりの成長ぶりに、唖然茫然。まるで、昨年とは別人のようだった。

B君は、なんと発声していた。音読で、彼の声が聞こえた瞬間、思わず胸がいっぱいになった。黒板に書いて発表する場面でも、みんなに混ざって書いていた。表情も柔らかく、時折、笑顔が見える。昨年じっと黙って座っていた彼とは、別人のようだった。

昨年、ごねごね星人で、暴力や暴言のあったCさん。なんともかわいらしくなっていた。「姿勢の良い人からあてます」の言葉で、慌てて姿勢を正す。思わず先生に向かって投げたチョーク。小野先生の穏やかな、しかし断固として謝らなければならないという雰囲気に、すぐ「ごめんなさい」。ええっ！　全然ごねごね星人じゃない！　あまりの別人ぶりに、口がぽかん。思わず間抜け面をさらしてしまった。

四　中学校特別支援学級担任として

私は今、中学校で特別支援学級の担任をしている。中学生になれば、三年後には必ず進路選択が待ち受ける。

現在、岡山県では知的障害をもたない情緒障害学級の生徒は、特別支援学校に進学することができない。つまり、普通高校へ進学することになる。

嫌でも三年後には、集団の中で通常クラスだった生徒とともに、何の支援もない状態で学習していかなければならないということだ。そして、さらに三年後には、就職活動や進学に向けての受験など、何の支援もない状態で他の生徒と同じように乗り越えていかなければならない。

しかし、現状は、それを乗り越えられずに退学したり、引きこもったりという悲劇が多く起こっている。私達は、小・中学校の九年間で、生徒が再び集団に戻ってやっていけるだけのスキルを身につけさせてやらなければならないのだ。

小・中学校がすべて小野学級だったら、決して上述のような悲劇は起こらない。九年間で子ども達は、集団でやっていけるだけのスキルと自信を獲得するだろう。社会に出て困らないマナーやルールも身につけることができるだろう。

中学校は、特別支援教育において、小学校よりもはるかに後れをとっている。すべての小・中学校が少しでも小野学級に近づくことが急務である。そのための精進を私達はしなければならない。

6　授業規律を入れながら、対応で教室を知的にする（岡山：土師宏文氏）

一　発言は手を挙げて

（答えがわかっても）特に○○ちゃんは言わないでください。


五十音図を作成していく前に、二年生の女の子に小野氏はこう言った。

この女の子は思ったことをすぐ口に出して言うことが多い。思ったことをあれこれ口に出されると、全体がグチャグチャになるのを見越して先手を打ったのだ。

文字にすると冷たく感じられるが、実際はそうではない。ほほえんだ表情。感情を込めるわけでもなく、やや平たんな感じでスッと言った。

特別支援学級の子どもに対してもこびない。

女の子は「はーい」と返事をして、まっすぐ手を挙げてから発言するようになった。

二　姿勢を直す

姿勢のいい人に言ってもらいます。姿勢のいい人だけ、さんはい。

特別支援学級の児童は姿勢が崩れやすい。小野氏は授業の所々で姿勢について指導をしている。五十音図を一人ずつ読む場面。

小野　一人ずつ。はい○○ちゃん。
児童　五十音図
小野　はい。
児童　五十音図。
小野　足（床に）つけてね。

子どもとのやりとりの間に一～二秒でスッと言う。その方が子どもにも伝わりやすい。

三　驚いたように褒める

小野　このあいうえおの表をなんとか図と言います。
児童　（手を挙げる）
小野　○○ちゃん、知ってる?!　知ってたらすごいよ、二年生。
児童　あいうえお図？
小野　言うよ、それ！　九五点！

小野氏は驚いたように褒めている。

自分の考えを小野氏に認められ、九五点をもらった女の子はとても満足そうであった。

「合ってるかどうか自信はないけど、発表してみよう」という気になる。

周りの児童も次々と手を挙げるようになった。

四　絶妙の切り返しで教室が知的になる

「ひゅ」の言葉を探している時である。子ども達は「ひゅー」「ひゅーどろ」などとつぶやいている。


今みんながつぶやいてる中に惜しいのがあった。

一つ偶然正解があった。


この一言で子ども達の表情が激変した。適当に言っていた言葉をもう一度繰り返し、どれが正解なのか思考を深めている。

教室が一気に知的に包まれる。どの子も必死だ。

特別支援学級がこのような雰囲気になることは未だかつて見たことがない。

7　この学級なら大丈夫、この先生なら大丈夫と安心感の感じられる授業（岡山：三浦広志氏）

一　落ち着いた子ども達

小野学級を参観した。子ども達は、落ち着いて授業に集中していた。本当に障害のある子ども達なのかと思ったほどである。

今まで見た支援学級の公開授業といえば、発表会的なものや、作業的なものが多かった。

しかし、小野氏の授業は違った。一番の違いは、

リズム・テンポがいい。


ということである。

今まで見た支援学級の授業は、どこかまったりとしていた。先生が丁寧に関わりすぎていて、授業のテンポが遅く感じた。けれども、小野氏の授業は次から次に発問し、子ども達に答えさせていた。

一時間、子ども達の集中がとぎれることはなかった。

二　安心感のある授業

小野氏の授業は、子ども達の障がいを感じさせないものであった。小野氏の技能が子ども達の障がいを吸収しているように感じた。

「きゃ、きゅ、きょ」のつく言葉を発表させる場面で、外来語を発表した子どもがいた。小野氏が事前に日本の言葉と限定していたかどうかは定かではないが、小野氏は、子どもの意見を受け入れたうえで、外来語はなしにするよう指示を出していた。

自分なら、つい「それは違う」とか「それはダメだ」というようなことを口にしていたかもしれない。

小野氏は、そんな様子を全く見せないで、「すごいなあ」と驚いたように子どもの意見を受け入れたうえで、「今度からはこうしようね」と指示を出していた。

エラーレスで授業を進めていた。

他にも、参観している先生方を巻き込み、先生方に答えを言わせる場面があった。

子ども達の人数が少ないので多様な考え方を出すとか、たくさんの先生が見に来ていたので子ども達の気持ちをほぐすとか、別のねらいがあったのかもしれない。

しかしそれ以上に、先生達が間違えた答えを言っていることが、子ども達に、を与えているように感じた。

自尊心と安心感。

子ども達は、自分達は先生でもわからないような難しい問題に挑戦しているんだ、先生達だってわからないんだから間違えてもいいんだと思ったかもしれない。しかし、何よりも子ども達に安心感を与えていたのは、

小野氏の笑顔。

ではないだろうか。

何を言っても、小野先生が笑顔で受け入れてくれる。それが、子ども達を安定させているように感じた。支援学級に来る児童は、自尊感情が低く、通常学級の中では叱られるばかりだったり、「何でできないの」と言われたりという子が多いに違いない。

けれども、小野氏はすべてを受け入れてくれる。だから、子ども達も安定しているのであろう。

支援学級の先生は、本当に忙しそうである。学年が違う子ども達を指導していたり、交流授業に送り出したり、いろんなことを把握しておかなければならない。つい難しい顔で子ども達に対応してしまうこともあるだろうし、「何でできないの?」と言葉を荒げてしまうこともあるだろう。

だが、傷ついた子ども達にとって、一番の薬は先生の笑顔なのではないだろうか。

小野氏のクラスからは、「このクラスなら安心して授業が受けられる」「この先生なら自分のことをすべて受け入れてくれる」という安心感を感じることができた。そのことが授業にも繋がっているのであろう。

Ⅳ

特別支援の教室環境、プロはこう作る

第7章

子どもが落ち着く教室レイアウト

1　教師も子どもも快適な空間をデザインする

一　子どもの事実を元にした教室レイアウトの工夫

教師や子どもが快適な状態で過ごせるように空間を創っていく。子どもの事実を元にした工夫が効果を生み出す。

不登校傾向のある子が数人いた。学校に来た時、子ども同士の交流ができるようにコの字型にしていた。

教室の机の配置は、子どもに合わせて変える。今年は、全員、黒板を向いた形にしている。

教師の机の横にはプリンターを設置。必要なものをその場でパソコンから印刷して子どもに渡す。

なかなか職員室に上がれないこともある。急なプリントアウトをする場合、教室にプリンターがあると非常に便利である。

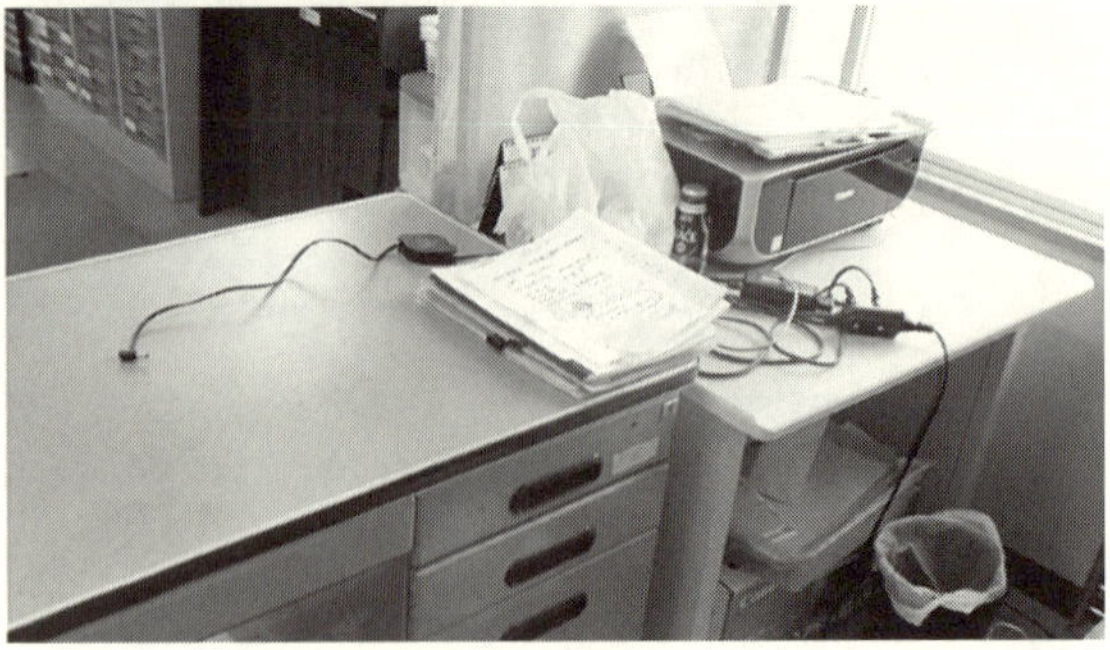

二　個別の時間割・におい・クールダウン……

Ａは個別の時間割表。六人いれば、六通りの時間割ができることになる。このような状態で、一つの交流学級が時間割変更をすると、全体の子どもに影響が出る。時間割変更は基本的にしない。これを校内で徹底するだけで子ども達は安定する。

Ｂは朝、消臭剤を教室全体にかけている。最近はアロマのにおいが多い。

Ｃは、窓の下側には目隠しのシートを貼る。座った時に外が見えない。教室の後方のスペースに、板などを使って、休憩スペースを作る。

Ｄは、クールダウンの時だけでなく、着替えの時にも使える。中には、一畳分の畳を二枚敷いている。座布団・枕も常備。心地良い空間になっている。

A

B

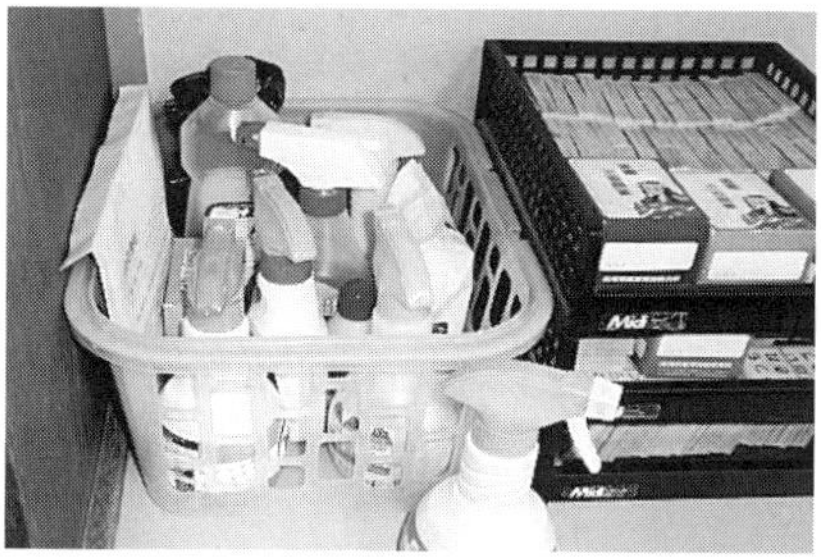

C

D

2　学習に使う文房具は学力保障に大きく関係している

一　道具の保障を行う

学力保障と文房具の関係は、切っても切り離せない。だから、文房具の何を持たせるかということが、かなり大事な条件となってくる。

特に気をつけなくてはならないのは、「分度器・コンパス・三角定規」である。任せきりにしておくと、百円ショップでセットになっているものを買ってくる家庭が多くなる。


文房具など何でも同じだと思っている。


このような考えの保護者は、決してめずらしくない。大切だからといって、「学習に良いものを買ってください」と言うとクレームがつくこともある。だから、前もって説明しておくといい。

まず、分度器は、ゼロ度の線の下がないものが望ましい。多くの分度器は、下に透明な部分がある。苦手な子にとっては、これだけで混乱の元になる。

三角定規は、半透明みたいなものがある。教科書の角に重ねて考えさせようと思っても、透けないので学習ができない。

安価なコンパスは、すぐに開き具合が固定できなくなる。

さらに、あまり意識していないものに、ミニ定規がある。これは、よくある一五〜一六センチメートルのものではダメだ。

わり算の筆算などで頻繁に線を引く時、ノートの真ん中のところに引っかかる。


子どもと同じようにやってみると、よくわかる。素早く動かそうとすると、引っかかってしまうのだ。

その点、ＴＯＳＳのミニ定規は素晴らしい。まさに、学習のためにちょうど使いやすい大きさとなっている。

特別支援学級を担当していると、このような些細な部分が大きく影響していることが良くわかる。

二　保護者に趣意説明を行う

文房具について、学年初めに必ず保護者に趣意説明を行う。私は最初の懇談会で、前述のような例示を交えながら説明していく。すると、なるほどと頷く保護者がかなりいる。

その時、文房具だけでなく、算数ノートの使い方についても説明する。それをしないと、「隙間だらけでもったいない」などと思う保護者がいるからだ。

実際に子どもが書いたノートなど、実物を提示しながら次のように話す。


ノート一冊も、ジュース一本も同じ値段です。

お子さんの将来のことを考えると、どちらを重視されますか？

この言葉は効果覿面。反対する保護者はいなくなった。

3　学習以前の様々な確認が学力を保障する

一　学習以前に確認すべきこと

二〇代の頃、授業時間が始まってから、忘れ物を借りに来る子ども達にイライラしていたことを覚えている。

「赤鉛筆を忘れました。貸してください」「定規を忘れました。貸してください」などと、次々と言いに来る子がいて、そのたびに授業がストップしていたからである。

しかし、そもそも、忘れたら貸りにくることを指示していたのは、自分なのだ。今思えば、情けない限りである。このような学習以前の確認ができていないため、授業に悪影響が出ている教師が多いのではないだろうか。

特別支援学級を担当するようになって、このような確認の重要性を強く感じている。

私は、自分の経験から次のようなシステムを作っている。


朝の準備の中に、文房具などの確認を入れている。

支援学級では、朝来てからのルーティンワークを指導する。

①ランドセルを机に置く。
②ランドセルの中身を全部出す。
③帽子とランドセルをロッカーに入れる。
④時間割を確認しながら教科書・ノートを机に入れる。
⑤筆箱の中身、下敷きを確認する。
⑥忘れたものがあれば借りて、連絡帳に書く。
⑦宿題・連絡帳を出す。

最初は一緒にやりながら、だんだんと自力でできるようにしていく。このようなシステムを作っているから、授業にすっと入っていけるのである。教師も子どももストレスがないから学習内容に集中できる。

これは、通常学級でも同じようにできる。

ポイントは、「⑥忘れたものがあれば借りて、連絡帳に書く」である。

この時、言ってきた子を褒めることが大切だ。ここで褒めるから、不安の強い支援学級の一年生も自分でできるようになっていく。システムは褒めて作るのである。

二　毎朝の教師の準備

支援学級の担当になって、朝の習慣が変わった。

三〇分以上早く学校に行く。そして、教室の入り口のカギと廊下の窓をあける。これは、自分の学級だけでなく、支援学級五クラス分を全部あけてまわる。他の教室にゴミが落ちていれば拾うし、机が乱れていれば直す。朝の教室の状態が、子どもの状態に影響するからだ。

子ども達が行くトイレも同じようにやる。水を流して、汚れていれば掃除もする。このようなちょっとした準備が、学習に大きく影響する。

4　特別支援学級のスタートに備える

一　様々な物を買いそろえる

買い物に行った。文房具などを大量に購入。習字、絵の具など、交流学級に行きそうな教科の道具も今まで以上に揃える。忘れても私のものだけですべてまかなえるようにする。

ファイルなどを入れるカゴなども新調。きれいなものを使わせたい。

次に服装。転勤が決まり、スーツは四着新調した。特別支援学級が決まったので、ジャージも新調。三着購入。ハーフパンツと水着も購入した。さらに、Tシャツも五枚購入。かごに山もり二つ分……。

特別支援学級の教師が、学校で一番、格好いい教師になる。

二　危機管理をもって具体的に進める

次の日、家族の買い物につきあう。子どものもの、家のもの。たまにはサービス。ついでに、自分の物も購入した。

本格的なスタートの前日。教室の整理整頓は、ある程度終了。

最初の難関は、時間割も含めた交流のシステム。掃除・給食・朝の会など、子どもによってバラバラ。一、四、五年に各二名ずつ。さらに、担任がみんな違うので、六名の交流担当と打ち合わせが必要。

そのうち、新採用が二名。転勤してきた人が一名。残りの三名のうち、一人が特別支援教育に否定的な思いをもっているということである。その方は交流より支援学級で学習して欲しいという考えであるという。

「交流学習なんて全く意味がない。来ると困る！」などと大声で会議で話すらしい。

それに同調する職員がもう一名いるという。よって、前もってこちらが様々なことを理解しておく必要がある。具体的に、具体的に。危機管理をもってのぞむ。

三　支援学級はどのクラスよりもきれいにする

朝から作業をした。

学校に大量の荷物を運び込む。埃をかぶった教室の荷物を全部棚から出す。ぞうきんできれいにする。いらないものは、どんどん捨てる。壊れたものがたくさんあった。

その後、使いやすいように物を配置する。段ボール三〇個分ほどがきれいに整頓されていく。

1　模造紙などを入れる、傘立てのような入れ物
2　ファブリーズ二個（教室がほこりっぽい）
3　ティッシュペーパー五箱セット
4　カットバン一〇〇枚入り
5　消毒液

6　ダニ防止スプレー（たたみ・マットがあるため）
さらに、
7　教室用のパソコンのアダプター
8　シューズ二足。赤と黒。これで、室内用三足。外用二足となった。

その後、たりない物を買い出しに行く。

特別支援学級だからこそ、どこよりも清潔にする。他のクラスがうらやむような、きれいで便利な状態にしていく。教材・教具も最新式をどっさり準備した。

ちなみに、机の横にはパソコンラックがあった。そこに、プリンターや紙類をセットした。格好いい。

隣の教室には、冷蔵庫もある。快適空間となっている。

何より、自分の荷物がしっかりと好きなように収納できる。

第8章

子どもを伸ばす優れもの教材・教具

1　子どもを伸ばす教材を準備する

一　子どもの教材は、安さや慣習で使いにくくても採択される場合がある

同僚と教材について話をした。漢字や計算などの教材は、基本的に学年で揃えて学年と同じ教材を採用するという。なぜなのか？
①国語、算数の授業は、特別支援学級で行う。交流には行かない。
なのに、なぜ？
②一人ひとりの発達に合わせて学習を進めるとある。
交流学級で教材を決める時、支援学級の一人ひとりの発達を考えて採択しているのか？
そんなわけは一〇〇パーセント、ない。
③支援学級こそ、交流とは別に教材について真剣に考え、主張すべきではないか。学習の仕方が安定し、特別支援の観点が優れた教材を。
④さらに、教材などの集金会計は別である。
⑤ネックは、今まで出ていなかった教材採択委員会に出なければならないということ。そんなこと、たいしたことではない。
そこで、「あかねこ教材」を紹介した。二人の先生とも知っていて、「それ、いいね」となり、支援学級の教材も採択委員会に提出することになった。

同じ市内で特別支援学級をしているサークルのメンバー何名かに聞くと、「交流と同じ教材を選択して

いる」という答えがいくつか返ってきた。通常、そうなっているという。

なんていい加減なのだろうか。何が、子どもに合った指導なのだろうか。出発点からおかしい。

こんな慣例はいったい、何なのであろうか。こういうことは、当然、主張していく。

午前中に、教材採択について四クラス二六人分のそれぞれの発注ができるように下準備。

そうしていると、新しく来た先生が、「交流学級と同じものを前任校でとってましたよ」と口を挟む。

「発達が違うのに、同じ教材をとるというのはおかしいでしょう。私は、ずっと通常学級でしたが、支援学級の子のことを配慮に入れて教材採択なんかしないですよ」と一言、伝えた。それでおさまった。

今度は、通常学級の若い教師が「特別支援学級は、交流学級の選んだテストを採用するようになっていましたよ」と言う。私の「発達が違うから、指導する立場の者が選びます」という一言に、きょとんとしていた。

そんなこんなで、交流学級と一緒のものを注文すれば、
①文書も作成しなくていい。
②会議にも出なくていい。
ということから、多くの学校では支援学級は交流で決めたものを使うということらしい。

ただ、書いてみると、確かに書類は煩雑であった。なぜなら六学年分を全部作るからだ。書式もあれこれ決まっていて、面倒くさい。半日はかかる。

それでも、転勤して一年目でシステムを変えた。変えてしまえば、今年は楽。例年通りで通る。

一つ一つ変えていく。

二　教材を引き継ぐ時に伝えるのは「効果」「結果の出た指導法」

翌年の担任に引き継ぐ時に、私は次のことを行う。

教材の良さと効果、ユースウエアを文書で伝える。

学級のシステムも文書で引き継ぐが、これだけでは次の担任の好みで、採用してもらえるとは限らない。

そこで、強調点を教材におく。

「この教材を使って、こういう効果があった」「このように指導したら、取り組むことができた」というような内容を文書にして残すのである。これなら、引き継いでもらえる可能性は高い。

教材は毎日使うものである。基本となる学習を安定させることを、第一の目標とする。

教材選択にあたって同僚の先生方と話をする中で、驚くことがある。障害の把握が無茶苦茶なのだ。

職員会議などで、ＡＤＨＤやＬＤ、ＡＳの話題が出るようになった。一、二年前から考えると、それはそれで喜ばしいことなのだが、別の意味で恐ろしい現状も生まれている。障害について、知っているつもりになっているのである。

職員同士の話の中で、こんな会話を耳にすることがある。

「あの子は、ＡＤＨＤだろう。たぶん、間違いないと思う」

何の根拠があって、こういうことを言っているのだろうか。少なくとも私には、その子がＡＤＨＤなのかどうかはわからない。

「本を何冊か読んだ」

「何度か専門家の話を聴いた」

それで、もうわかったつもりになっている。しかも、自信満々である。恐ろしいことであるが、このようなことがあちこちで起こっているのが現状である。

教師が、障害について正しい理解をしているかどうかは、使っている教材を見ればわかる。例えば、百ます計算などの視点が定まらない教材。問題配列が無茶苦茶な手作りのプリント。キャラクターだらけのもの。余分な情報がいっぱい入っているもの……。このような教材を使っている教師は、何を言っていても信用できない。

グレーゾーンの子ども達には、頑張ってもできにくい教材がある。それを毎日毎日、無理矢理やらされたらどうだろうか。せっかく今まで積み上げてきたものが、一気に崩壊してしまう。

だから、良い教材を引き継ぐのである。良い教材は、子どもの視線が常に一ヵ所だけを見るような意図で作られている。また、遅れがちな子への配慮もしっかりなされている。

2　教材を活かすのはユースウェア

一　ユースウェアを伝えることで子どもの学習が保障される

現在、私が使用している三年生の教材は次のものである。

【国語】・「漢字スキル」・「話す聞くスキル」・「暗唱直写スキル」

【算　数】・「計算スキル」
【テスト】・「正進社テスト」（国・算・理）
【その他】・「五色百人一首」　・「名文・暗唱カルタ」

ただ、教材だけを引き継いでも、正しい使い方をしなければ効果がない。例えば「計算スキル」を宿題にしては、意味がない。

だから、ユースウェアも書いておくといい。例えば「漢字スキル」ならこのように書く。
①授業の最初に必ず行うようにする。
何をするのかがわかり、混乱がない。先生がいなくても、始めていた子を褒める。
②右ページは通常、半分ずつ行う。
時間は五～七分程度。ゆび書き・なぞり書き・うつし書きの順で行うようにする。

「今日は、〇から〇までの四文字を練習します。最初は、ゆび書きから始めます」

このように、「すること」「時間」「指導のポイント」「教師の発問・指示」を入れ、シナリオのようにしておくと、わかりやすいだろう。ちょうど、コンピュータールームなどにあるマニュアルのようなものである。

これは、TOSSのインターネットランドにあるHPを利用すれば、誰でも簡単にできる（TOSSオフィシャルサイト＝https://www.toss.or.jp/tossland）。

二　障害の特性との関連、良い点を伝える

教材のユースウェアとともに、もう一つ伝えるべきことがある。それは教材の良い点についてである。その時、必ず障害との関連性を書くようにする。
・「漢字スキル」
視点が常に一ヵ所だけを見るように意図して作られている。書き込み式なので、やることが明確である。
・「暗唱直写スキル」
なぞる時に、子ども達がシーンとして取り組む。シーンとした状態で、学習に取り組む心地良さを体感させる。不安定な時も、この教材を使えば落ち着きを取り戻すことができた。
・「計算スキル」
二問コース、五問コース、一〇問コースに分かれているので、無理なく取り組めた。答えに、途中の計算もすべて書かれているので、わからない時も最後まで取り組めた。
・「正進社テスト」
らくらく見直しシートが、一人ずつ、ついている。答え合わせの時、手元に答えがあるので、自分でやり直しができた。
・「百人一首」
友達との対戦を通して、集団のルールを学ぶ。勝つこともあれば、負けることもあるということを学べたのは大きかった。
・「話す・聞くスキル」
リズムのいい文章だから、楽しく取り組めた。また、みんなの前で読ませるなど、活躍の場を意図的に

作り出すことができた。

このように、教材の良さ、使い方を引き継ぐことで、その子の安定を図っていく。もし「漢字スキル」などの教材を使っていない場合は、現在の教材でうまくいかなかった点を記しておけばいいだろう。

教材の力は大きい。

教材を引き継ぐことは、その子を守ることになるのである。

V

指導の原点は子どもの「事実」

第9章

学校の中の「当たり前」や「常識」を疑ってみる

1 常識のように行っている漢字指導は正しいか

一 漢字指導の目的は何か

学校現場で常識のように行われてきた学習で、ディスレクシアを含むLDの子にとって、間違った方法が多く存在する。このことは、多くのドクターや専門家が、教材や指導法についての論文を書いている。

例えば、何度も繰り返し漢字を練習させるような指導法は意味がない。

安原こどもクリニックの安原昭博氏の論文には次のようにある。


字を書くのが遅いタイプでは書く回数を減らすことが一番です。漢字ドリルは漢字を覚えるためにあり、きれいに書くために存在するものではありません。この場合きれいに書くことは時間の無駄と考えられます。

――「自己肯定感を高める教材と考え方」(p.69)

教師がよくする指導に、いろいろな目的を同時に行おうとする指導がある。

例えば、新出漢字を、読みがな・使い方・練習など一度にできるノートがある。これを好んで使う教師がいる。しかし、これで漢字を覚えることができるようになるのは一部の子である。

LDの子や低位の子ができるようにならないのは、安原氏の論文を読めば明らかだ。

新出漢字を覚えることが目的なのに、それ以外のことも同じ重要さで扱ってしまう。焦点を絞って学習させるべきなのだ。

二　一時間の流れがわかる板書は良いのか

よく板書指導で、「一時間の流れがわかるような板書を書く」と指導される。

ここで言う「わかる」という対象者は、当然、子どもである。

このことについて、私はずっと疑問に感じていた。読み書きの苦手な子に限って、写し間違いをするからだ。同じ板書を何度も書いたり、書いてあるところをとばしたりすることが多くあるのだ。

広島県立障害者療養支援センターの下妻玄典氏は、次のように述べている。

> 特別支援の必要な子どもは視覚的な図地弁別（必要な視覚情報だけを、多くの情報の中から取り出す）に苦手さをもっている。よって子どもにとって必要な情報を取り出しにくい視覚支援は苦痛以外の何ものでもない。
> ――「TOSS教材の有用性――コ・エデュケイショナルの視点から」（p.9）

「苦痛以外の何ものでもない」というのだ。だから「板書は一時間の流れがわかるように書く」というのは、子どもの事実を見ていない証拠なのだ。

これは、算数でも同じことが言える。33×24という筆算の横に、35×32という筆算を書いていると、次のように写した子がいた。

> 33
> ×32

このロジックがわかるだろうか。問題を写す時に、上と下とを別々の問題から選んで書いたのだ。

このような間違いが、多く起こる。

三　教材の問題は大きい

前章で教材の大切について述べた。

前述の教材について、淡路障害者生活支援センターの松下徹氏は、次のように述べている。


私が見たことのある教材のほとんどは、こういう児童のみを想定して作られているとしか思えないのである。

――「ユニバーサルな視点からの教材の選び方」(p.76)

「こういう児童」とは、「学力が高く特別な支援を必要としない児童」のことである。

つまり、通常学級といういろいろな状態のレディネスの子がいる場所で、そこで使う教材が、学力が高い一部の子に合わせたような作りになっているのはおかしいというわけだ。この主張はもっともである。

松下氏は算数の教材を例に挙げてこのことを論じているが、国語でも同じことが言える。

このような教材が使われている原因は、二つある。

一つは、次のことである。


教材を作成する側に、このようなユニバーサルな視点がない。

ユニバーサルな視点で教材を点検していけば、本当にひどい教材が多いことがよくわかる。

そして、もう一つは教師側にある。

教材の善し悪しについて、また、選択する観点について学んだことがない。

教材は毎日使うものだけに、子どもに与える影響は大きい。しかし、このようなことを学習する機会は、現場ではほとんどないのである。
ここを変えていかなければ、読み書きを苦手とする児童が救われることはないだろう。

2　子どもの「事実」で指導法を変える

一　学校の中にある奇妙な習慣

学校の中には、漢字の宿題をたくさん出せばよいといったような奇妙な習慣が多く残っている。
さらに、地域によってはほとんどがそのような指導を行っているために、

普通、こうやって指導するものでしょう。

などという言葉が聞かれることもある。
この「普通」という言葉がくせものである。ここで、何が「普通」なのですかと聞くと、次のような答

えが返ってくることが多い。

「今までそうやってきました」
「この学校ではほとんどの先生がそうやっています」

つまり、自分の経験上でのことを「普通」と捉えていることがわかる。
それでは、学問上における効果のある指導としての根拠は何もないことになる。効果がないどころか、非常に危険なことである。

①もともと苦手さをもっている子がさらに苦手になる。
②できないことが、子どもの能力のせいにされる。

以上のような現象が多く見られるようになってきたからである。
一つひとつを吟味して、改善していくことが必要だ。

二　漢字を覚えるということ

漢字を覚えるということは、簡単に言うとこうである。

脳の中に、新しい文字（図形）を記憶すること。

漢字は、いくつかの線を集合させた図形である。新出漢字を覚える時には、できるだけ「図形を記憶」することだけに集中させたい。だから、前述の通り、漢字を覚える学習以外は、できるだけ排除する方が効率的である。
しかし、多くの教室では次のようにやっている。

「訓読み　くさ」
「音読み　ソウ」
「部首　くさかんむり」
「画数　九画」

読ませても構わないが、読んだからといって覚えられるとは限らない。また、九画という画数も言わせる必要はない。なぜなら、ゆび書きをしている時、子ども達は次のように言っている。

あれ、九画にならなかった。違うなあ。

ゆび書きは、画数を唱えながら書く。それが合っているかどうかは、画数を見れば確認できることをわかっている。つまり、「画数を言わせる」ことが大切なのではなく、「画数はどこを見ればわかる」ということが理解できていることが大切なのだ。

目的と手段とを混同してはいけない。

また、「読み」も「漢字スキル」では、練習ページで扱うようになっている。つまり、新出漢字を覚える時にはそれだけを扱う。そして、覚えた後で使い方を学ぶような作りになっているのだ。これは効率的と言える。

それと対極にある指導法が、ノートに習った字についてまとめるタイプの学習である。

おおむね、次のような作りになっている。


新出漢字を書く。

音読み・訓読みを書く。

部首・画数を書く。

漢字の練習をする。

短文作りをする。


「漢字スキル」と比べて、一度に扱う情報量があまりにも多い。それで効果が出るのならいいが、効果は雲泥の差である。「漢字スキル」を使えば、一日五分程度の練習で、ミニテストのクラス平均が九〇点を超えるようになる。

どちらが効率的なのか。どちらが子どもにとって、学習しやすいのか。

子どもの事実を見て、指導法を考えなくてはいけない。

このように言うと、「繰り返し練習することが大切だ」という意見を聞くこともある。これも先に述べたのと同じ、「目的」と「手段」を混同した意見である。ここでの目的は、「漢字を覚えること」。学習方法は、その手段に過ぎないのである。

三　学年団で揃えた方法

若い教師が、漢字指導で次のような悩みを話していた。

国語の授業の最初は漢字指導をしている。
書き順を唱えながら書かせているのだけれど、ちゃんと取り組まない。声も出さない。

どんなふうにやっているのかを詳しく聞いた。

①教師が、新しい漢字を空中に書く。
②次に、教師と一緒に子ども達も空中に書く。

これのどこが問題だろうか。
まず、①で子ども達はどんな漢字かをイメージできるだろうか。空中に書いているのだから、情報は消えてしまう。仮に、教師がその漢字を黒板に書いていたとしても結果は同じである。なぜか。

子どもは漢字の書き順を覚えていない。


その状態で、空書きをしているのである。そんな状態では画数を唱えられない。

そもそも空書きというのは、覚えたかどうかを確認する学習方法である。

この学習方法は、学年団の先輩から指導された方法なのだという。しかも、学年全体で揃えて指導するから、このクラスだけやらないというのはいけないとも指導されたそうだ。しかも、他の学年でも同じように指導するところが多いという。つまり、この学校では、揃ってこの学習方法を推進していることになる。

子どもは漢字ができるようになっていなかった。その結果、宿題で覚えさせるのだという。

もっとも効果のあった方法を学年で揃えることが必要である。

3　給食指導は子どもの特性を配慮する

一　給食を残させない教師は良くない

次のような指導をする教師は、発達障害の子を担任すべきではない。

①給食を残させない。

かつては、全部食べるまで、休み時間になっても片付けさせない教師がいた。もし、今でもこのような教師がいるのなら、問題である。
また、残すことを認めていたとしても、次の指導も良くない。

②給食を残さないように指導する。

これが、なぜいけないのだろうか。
このことに答えられない教師は、発達障害について勉強不足である。

二　こだわりの強さを理解する

発達障害児は、食に対するこだわりが強い。特に自閉症グループの子は、そのことが顕著である。
まず、味へのこだわりがある。

カレーは好き。ライスも好き。しかし、混ぜると一切、食べられなくなる。

このような子は、何人もいた。混ざることで、ダメになるのである。
また、匂いがダメな子がいる。

牛乳はおならの匂いがするから、吐きそうになる。

広汎性発達障害の子が、真剣に言った言葉である。この子はそのように感じているのである。このような状態で「牛乳を飲みなさい」と指導する必要があるだろうか。必要な栄養素は他の食材でも取ることができる。

他にも、食感や食べている時の音に敏感な子がいる。

教師は、そのようなこだわりがあるということを知っておかなければならない。

三　給食が恐怖になる

食へのこだわりがある子にとって、給食はまさに「恐怖」の時間である。

ある子は、イワシが嫌いだった。匂い、食感など、どうしても我慢ができないという。その子は、イワシが給食に出たために、次のような状態になった。


朝からイワシのことが気になって、教室に入れない。


先生から「残さないように食べましょう」と言われていることが不安でしょうがないのだ。「残してもいいんだよ」と何度も母親が話しても、この「残さないように」という言葉が染みついて離れないのである。

何でもかんでも、残さずに食べさせるというのは、給食指導ではない。特に、発達障害の子に対しては害にしかならない。

もちろん、いろいろな物をバランス良く食べる大切さについては教える。また、「嫌いな物でも一口ぐらいは食べてみる努力はしてみようね」ぐらいは話す。しかし「残さないようにしよう」とは、絶対に言わない。

中にはこのような教師がいる。


残量調査だから残してはいけないと指導する。


このような指導は子どもを苦しめる。

食の問題は、発達障害の子にとってきわめて大切なことである。

4　叱らなくても「締める指導」はできる

一　「やさしい」＝「ゆるい」？

入学式の教室準備のために、我が支援学級に六年生が四人来た。

二クラスの子ども達が二名ずつである。とってもよくやってくれた。子ども達をしっかり褒めた。そして、担任の先生にあった時にお礼を言った。とてもよくやってくれて、本当に気持ちが良かった。

「何も言わなくても自分達でどんどん進めてくれる」と言われ、二人の担任ともとても喜ばれ、逆に感謝された。周りにいた教頭先生も「すごいですね」と言われていた。

この学年は、学校の中でも落ち着きがないとずっと言われていた学年である。だから、担任もうれしかったのだと思う。

　その時、六年学年主任が次のように言った。

「小野先生、ありがとう。そんなふうに言われたら、子ども達も自信がつくと思う。私達もうれしい」

　ここまではいい。問題は、その後。

「私は今年、自分がここまでやさしいから、ひょうし抜けしているのよ。大きな声を出さずに褒めることが多いから。やさしい先生になってしまっているの。指導がゆるいから、もっと締めないといけないなあと思っているの……」

二　やさしく褒めて、しっかりと締める指導

〝やさしい〟と〝ゆるい〟は同義語ではないであろう。

　そこで、すかさず笑顔で次のように言った。

「先生、やさしいのとゆるいのは、全く意味が違いますよ。やさしくても先生の言う「締まった」状態になります。発達障害の子はその方が安定しますから、衝動性とか多動とかが出にくくなります。そして、その方が本当の力がついたということですね。だから、六年生、とっても立派だと思います。支援学級に来ていた子達、みんな本当に自分からやってくれていましたから。ぜひ、子どもに伝えてくださいね」

「そうね、やさしく締めなくちゃあね」

　と言ってお礼を言われた。

　先生の中には、叱る指導をベースにずっとやってきた人がいる。叱らないと締められないと思っている。

　過去に、その方法で成功した体験が強いのであろう。だから、やさしく褒めて、しっかりと締める指導のイメージがないのであろう。

例えば主任が変われば学年団が変わる。そして主任同士が理解し合えば、学校が変化していく。

ほとんどの主任が理解者となっている。事実と理論で学校を変革していく。

5　急な時間割変更が子どもを混乱させる

一　指導の基準は「こちらが言ったかどうか」ではなく「子どもが理解したか」

八人の子どもを担任していた時のことである。全員が交流学級へ学習に行く。

つまり交流先の先生と連携していくことになる。この時、時間割も持ち物も八つ分の把握が必要となる。

これは結構大変である。通常学級の時には、自分のクラスのことだけ考えていれば良かった。また、システムを作っていれば、勝手に子ども達が動いていっていた。

しかし、支援学級ではそうはいかない。最後は交流の人数分を、同時進行で教師がチェックすることが必要となる。

交流学級の先生と連携すれば、先生がどのような方法で学級経営を行っているのか、またどのような考えで行っているのかがはっきりとわかる。例えば二〇代の若手の多くは、総じて配慮がないことが多い。

そして変更が極めて多い。子どもは急な変更が極めて若手である。

若い教師の多くはマネジメントができないのだろう。こんなことがあった。

ある日の体育の時、A君が「『今日はいいから、きらきら学級で勉強しておいで』と言われた」と帰ってきた。

理由を聞いたが、「きらきら学級で勉強して」と言われたとのことであった。しかし、運動場ではA君のクラスが体力テストをしていた。私はおかしいと思って、子どもに聞いてみた。すると、「もう、僕はテストが終わったからかも」と話していた。
翌朝、朝の会に行っていたその子が、時間割の変更があったと教室に帰ってきた。「今日も体育は、きらきら学級でしてと言われた」と言う。しかし、連絡票には「体育」と予定通り書いてある。
そこで、交流教室に行ってこのことを尋ねてみた。以下はその時のやりとりである。
交流担任「ああ、それは　体操服を忘れていたからですよ。今日も聞くと、持ってきてないと言っていました。月曜には、毎週、持ってこないんですか?」
小　　野「昨日も持ってきていましたよ。でもA君は、昨日も今日も、『先生から今日はきらきら学級でして』と言われたとだけ、私が何度聞いても話していました。先生の言葉が入っていなかったようです」
交流担任「私は、ちゃんと言いました」
小　　野「そうですか。最後の言葉だけが強烈に印象として残ったのかもしれません。ただ、子どもは少しストレスが出はじめています。それから、こういうことは二度続くとクレームが来ます。なので、変更などがある時は、口頭ではなくメモで渡してください。連絡票に書いてもらうことになっていますし」
交流担任「えっ、こちらはちゃんと言っているのにクレームですか」
小　　野「この学校は、文教地区ですからそういうことが極度に少ない学校です。他の学校だったら、それが普通ですよ。何より、「こちらが言ったかどうか」ではなく、「子どもが理解したか」というのが、指導の基準です。それに、ストレスが出はじめているという事実があります。これは、学校側の問題ですから」

実は、このようなことは初めてではなかった。このようなことがあった時、私は担任の先生に話したことが何度かあった。

しかし、何度も何度もこのような事態が続いた。このままでは改善しないので、学年主任にこの内容をすべて話し、学年全体の場で連絡などについて話してほしいと依頼した。

連休明けには、運動会時間割が始まる。支援学級にとっては、ここが一番、はちゃめちゃになるところである。一つのクラスの気軽な変更で、全体の予定がすべて変わることになる。そのことも含めて話してほしいことを伝えた。学年主任は、「徹底します」と繰り返していた。

時間割変更を当たり前のように、平気で行う教師がいる。

どれだけ迷惑をかけているのか、そしてどれだけ子どもに負担をかけているかということを考えてほしい。

二　学校全体としての考え方が問われる

ある日のことである。その日はブロック陸上記録会が本校で行われる予定だった。

しかし、台風が近づいている影響で予報は雨。朝の段階で雨は降っていなかったが、空はどんよりとしていて降ってくるのは時間の問題。そこで、近隣の学校には朝から中止ということで連絡がまわっていた。

ここまではいい。

問題はここからであった。職員会議では、雨天中止という提案だった。

しかし、その日の朝の段階で本校の児童だけ五校時にやるという。そのことは支援学級には連絡がなかった。支援学級の他のクラスの先生が主任に聞いたら、そうなっていたとのことであった。

そして授業が終わり、休憩時間になると続々と六年生がグラウンドに出てきた（六年生は全員参加。五年生は記録を突破した子だけ参加）。

また予定にない事態が起こっていた。どういうことなのか確認したところ、雨が降りそうだからこの時間にやるのだという。何も決めていないことが、何の相談もなく急遽、行われている。

記録を突破した五年生の児童も参加するため、残った児童は自習になる。これも急に決まった。

一番ダメージを受けるのは、支援学級の子達である。特に、その日は低学年が校外学習に行っていて、支援学級の一クラスの担任が不在であった。

そのクラスの子を私のクラスで預かっている。高学年の男の子も自習になった。予定の変更を受け入れられないこの子はパニックになる。しかも、担任はいない。また、もう一人の五年生の子も不安で落ち込んでいる。

結局、校内の陸上も雨で途中で中止になった。これで、ますます見通しが立たない。不安定になる。

給食前に時間ができたので、支援学級の主任に次のことを伝えた。

「職員会議で提案していないことを自分達の都合で変えてはいけない。子どものために必要というなら、最初から提案しておくこと。そもそも、子ども達の状態を無茶苦茶にするようなことをその場で急にやるというのはやっていいことではない」

そのことを運営委員会で伝えておいてほしいと強くお願いし、子どもの大変な状態も合わせて伝えるようにお願いした。さらにその後、職員室で教務と副教務、教頭に同じように伝える。

教頭は、「子ども達に申し訳ないことをしました」と謝った。そもそもこのようなことが当たり前のように行われていることが組織として機能していないのではないかということを繰り返し伝えた。
この話には続きがある。昼休み、学年主任から招集がかかった。

月曜日に、五・六校時を使って校内の陸上記録会を開く。それで影響が出る子がいないかどうか。

私が意見を言ったことで、聞いておかないと、ということになったのだろう。主任へこのことを連絡したのは、教務である。私はこのことを聞いて腰を抜かすほど驚いた。それは次の理由からであった。

月曜日は五校時の時程であった。

つまり、わざわざ時程を変更して行おうというのである。五、六年生約四〇〇人を一時間余計に学校に残す。そして、そのことを直前になって決めようとしている。
開催は月曜日なので、金曜日に連絡することは可能であった。しかし、許されないことであろう。
私は、次のように言った。
「教育課程で決まっていること、さらに、職員会議で決定し、確認したことを直前になってころころと都合で変えるなどということは許されません。雨で中止ということは、当然考えられることなのですから、事前に文書に書いておくべきです。それをしていないならそもそも行うべきではありません。それでも、どうしてもというのなら、教育課程をわざわざ急に変更するのですから、校長先生のお名前で保護者が全員納得するように文書を出してください。兄弟関係のこともあるでしょうから、全校に配付してください」

さらに念を押して、

「支援学級の子がどうとかいうレベルの問題ではありません。学校としての考え方の問題です。そんなことが許されるなら、何でもありになります」

と押し切り、教務や管理職に必ず伝えるように再度、話した。

そうこうしているうちに、六年の主任が謝りにきた。先日、急に記録会を実施したこと、そして子どもに迷惑をかけたことについてである。

そこで、主任に伝えた内容を六年の主任にも伝えた。子どもがどうこうということではなく、そもそもの考え方の問題だ、と。

しかしここでも、「まあ、でも……」のようなニュアンスであった。再度、組織としてやって良いことと悪いことがあることを話した。六年主任は気づいたようであった。

ただ、話していて最初に聞いたことと違ったことがあった。教務の解釈が違っていたそうであった。


時程を変更して六校時まで行うということではない。開催するなら、昼清掃の時間と五校時目と帰りの時間を使って行うこと。ひょっとすると、六校時のはじめぐらいにかかるかもしれないが、できるだけ早く帰すとのこと。時程を変更してなどとは、全く考えていないこと。


そこで六年主任に、教務や管理職に話が違っていることを早く伝えてもらうよう促し、その上で、先ほどの内容を伝えてもらうよう頼んだ。主任は走って職員室に向かっていった。

意見が次々と変わっていく。問題があると思った。

三　急な時間割変更を繰り返す教師への対応

ある日のことである。その日は午後から、隣の支援学級の若い教師が出張だった。ということで、交流学習に行かない児童は、私のクラスに来て勉強している。

六校時、隣のクラスの指導の大変な男の子に算数を教えていると、なぜか五年生の男の子が「先生……」と不安そうな顔で入ってきた。「どうしたの？」と聞くと、交流での勉強の予定が急に変更になったのだという。

担任は出張でいない。それなのに、予定していた交流学級での授業が変更になった。どうしていいかわからないというのだ。それはそうだ。不安だったことだろう。

言いに来たことをしっかり褒めた。そして、交流学級の先生の名前を聞いた。A先生だという。

新卒四年目。急な変更が極めて多かった。前年は私の交流先だったので、何度か話をした。そして、学年主任や管理職にも指導するよう依頼した。さらに、今年初めの全体会で変更をしないように念を押した。

それでもまた、繰り返しているのである。

そこで、A先生の教室にインターホンをした。

①支援学級の担任は出張でいない。急な変更で返されたので、こちらが対応しなくてはいけない。
②急な変更があったことで、子どもの情緒が不安定になっている。
③この時間の変更は、朝こちらの担任に伝わって了解を得ていることなのか。

そう言うと、しどろもどろになりながら、「今決めました」と答えた。すかさず、復唱する。

では、先生はこちらの担任に連絡なしに、今、急に変更したということですね。

「すいません。今から来てもらうことはできますか?」と言われた。私は即座に、

無理です。そんな変更が受け入られるはずがありません。もう、影響が出ています。必ずその子と担任に話をして謝っておいてください。


と答えた。担任は「申し訳ありません」と謝罪した。

しかし、これで終わってはまた繰り返す。支援学級の主任、その学年の主任、管理職には当然伝える。その上で、今までの経緯と子どもの不安な状態とを伝え、今後は管理してもらうように伝える。

このように何度も何度も話をしていく。

6 支援学級は避難場所ではない

一　感動的な参観日の陰で

クラスに入れなくなり、別室で何ヵ月も貝のように固まっていた男の子がいる。

ある参観日のことであった。その子は支援学級で一緒に参観授業を受けた。その子の保護者は来られなかったが、他の支援学級の保護者が何人も来て見られている中、何度も立って一人で発表した。

感動的なシーンだった。ずっとついている支援員さんは、涙ぐんでいた。

その日は、学校全体での参観授業の日だった。この男の子は、二学期末からずっと支援学級で生活している。しかし、それは応急処置的なものであった。

本児の状態もあり、元学級で過ごせるようであればそちらで、となっている。しかし、どうしようもない状態なので、支援学級でサポートしてきた。そうしないと、この子が完全不登校になるのが明らかだったからだ。

「支援学級で過ごすなら」ということで、私から条件をつけた。

①保護者との連絡は、担任、教頭が行う。
②行事等の連絡、調整も同じ。
③実験などがある理科、技能教科の指導は、他の児童が八名いる中、不可能である。フリーの先生をつけること。

参観日も、本来なら担当がどうするかを考え、準備を進めるところである。しかし、何も準備している様子はなかった。支援学級に子どもは預けられ、丸投げ状態であった。

その翌日も、何も準備している様子はなかった。その子のことすら忘れているようであった。どの教師も、若い担任教師でさえも何も言わなかった。朝、職員室で会った時、「おはようございます」で終わりであった。その子のことは、頭の中にないのだろう。

失敗や、ついやってしまったというようなことには許容できるであろう。しかし、このような無配慮な指導は許容範囲を超えている。この子のことを考えると、決して許されない。

悪気はないといっても、この子がそのことでどれだけ傷つくだろうか。そういう教師のもとに、この子は帰りたいと思えるだろうか。

教師の対応が、子どもの状態を悪化させているのだ。

二　鈍感さは、罪だ

次のように報告した。

①参観日でクラスの保護者が見ている中、他の知らない子が混じっている状態で授業をする。それが何を意味するのか。これが学校の方針なのか。
②こちらに丸投げ状態になっていることは、方針と違う。
③担任の取り組みは何度言っても改善しない。こちらが指導すればいいのか。それとも、常にこちらからお伺いを立てろというのか。

続いて学年の主任に話す。これまでも担任のこのような対応がたびたびあるので、「それとなく指導しておいてください」と話していた。

参観日の状態を話すと、「申し訳ない」と言いながら、「籍が支援学級にないのに、そこで授業をするのは保護者はおかしいと思いますよね」と言う。やはり、わかっていない。

「もし、先生の学年に教室に入れない子がいたとします。その子を参観日に、先生のクラスで授業を受けさせますか。それと同じでしょう。それと支援学級は、避難場所ではありません。この学校の通常学級と同じ一つのクラスです」

そこまで言って、初めて理解したようだった。

「担任に指導します」と言うので、子どもに対して酷いことだということを伝えるように、と話した。

その後、担任が朝、教室に謝りにきた。そこで、次のような言葉が発せられた。

「参観日のことを打ち合わせするのをすっかり忘れていました。すみません」

一瞬、耳を疑った。自分のクラスで教室に入れなくなり、別室登校でも苦しみ、そして不登校気味になり、ずっと小野学級で預かっている子だ。

その子について、普段から「今日はどうでしたか」などと聞きにくることもない。別室で不登校の支援員さんがついていた時も、その支援員さんに様子を尋ねに行くこともほとんどなかった。それで平気なのだ。

このようなことは、特別なことではなく、どの学校にもあることであろう。

このやりとりをしているうちに、夏休み前のエピソードを思い出した。

夏休み前にこの子どもへの対応について相談に来たので本を何冊か紹介し、夏休みに基本的なことを勉強したほうが良いということを伝えた。

その時に返ってきた言葉が、「私、本読むの苦手なんですよね～」だった。

未熟なのは、いい。

しかし、鈍感なのは罪である。

集団に入れず、別室登校をしていた四年生の女の子がいた。

その子はそのような状態の中でも、音楽会に参加しようと挑戦していた。しかし、いざ練習となると集団には入ることはできない。体育館のステージ裏で待機していている時でも震えが止まらなかった。管理職が何度かついていたが、当日つけないということ、対応が難しいということで、私がつくことになった。

異性だが、その子は私を受け入れてくれた。不安なことも話すし、冗談も言う。支援学級に来ると、ケラケラ笑っている。「体育館の裏に、小野先生がついてきてくれた」と、うれしそうに他の支援員の先生に話していたそうだ。

誰でも受け入れるかというとそうではない。不安が強いためだ。やはり人を見ている。この人はいいが、この人はダメ。リトマス試験紙で判断するように感覚でそう感じるようだ。

四年生の発表は、歌・リコーダー・合奏の三つ。しかし、なんとかできそうなのは「歌」だけ。それは、そうだ。練習していないのだからできるわけがない。

その子の様子を見ていたある教員が、次のように言った。


手に持っているだけでいいんだったら、リコーダーも出られるんじゃないのか。

その言葉を、私は受け入れることができなかった。

このような発言は、自分に置き換えて考えてみればよい。何百人もの人に見られるその前で、自分ができないことがわかっていて、やるフリをするということがどういうことか。そのことを真剣に考えなければならない。

その子は、ステージ裏で震えている。自分が立つ場所の後ろまで隠れていくのでさえ、震えて一歩が踏み出せない。だから私が付き添って、その場所まで行く。ずっと横にくっついている。

そのようにして練習の日々を過ごした。


発表会の日。

その子は勇気をふりしぼってみんなの後ろまで行くのがやっとだった。

歌の間中、私に体をぴったりつけていた。

「行かないでね。心配！」

震える体からメッセージが伝わってきた。私は無言で「大丈夫！」とどっしりと構えた。

そして、曲が終了。ステージ横に戻る。ハアハアと大きな息をしている。

「よくやったなあ。挑戦したなあ」と褒めると、しっかりと頷いた。

別室登校のこの子が、どんな想いでこの場に立っているのか。周りの大人が考えたことがあるのだろうか。

初めて付き添った練習の時、彼女がなにやらメモ帳に書いていた。のぞき込むと、曲の順番や発表の流れだった。聞いてみると、この子は、どの順で発表するのか？

入場・退場はどうするのか？


何も知らない状態だったのだ。そんな状態で、

「リコーダーを持っておくだけだから出られるんじゃないか」

「出られればいいですよね」

周りの大人達はそう言っていたのである。

その大人達は、その子のためにやるべきことをやっていたのだろうか。


子どもがどんな気持ちでやっているのか？

どんな状態なのか？

何が一番この子の成長につながるのか？

上手くいかなかった時に、大人に何ができるのか？

周りの大人は「出よう」と言うだけで、肝心なことを本当にやっていたのだろうか？


教師ならば常に考える必要がある。

この子が音楽会の練習に参加しなかったのは、決してずるをしていたわけではない。全身が震えるほどの恐怖の中で、それでも今よりも一歩踏み出そうと毎日毎日努力し続けたのである。

そのことをどれだけの大人が理解し、感じ、どれだけの想いをもって彼女に接したのだろうか。本番に

出られたか出られなかったかは、単なる結果にすぎない。

私達教師は、目の前の結果ではなく、この子の振り絞った勇気にこそ目を向け、励まし続ける存在でなければいけないのではないか。

これが、この子の体を支えながら私が考えていたことである。

特別支援学級を担当して、私の教育に対する概念は大きく変わることとなった。

特別支援学級の抱える問題点、学校に必要な仕組み、保護者や外部との連携など、以前にはなかった視点を得ることができた。

本書の中で、それらの問題について私なりの提言をまとめたつもりである。

その意味では、今までの教育書にはない提案ができたのではないかと自負している。

本書をまとめるにあたって、学芸みらい社の小島直人氏には、何度も叱咤激励をいただいた。何度も何度も原稿を読み込んでいただき、そのたびに完成への方向を示してくださったおかげで本書をまとめることができた。この場をお借りして深く感謝申し上げたい。

また、本書にある実践の多くは、向山洋一氏の実践がもとになっていることを記しておきたい。向山氏から学んで特別支援学級で行ったことが、本書の内容になっている。向山型は、特別支援学級においても多くの成果を生みだすことを証明した一冊となった。

本書が、多くの教師や保護者、そして子ども達にとって、少しでも役に立つことを心から願っている。

小野隆行

シリーズ　特別支援教育《とくべつしえんきょういく》「鉄壁《てっぺき》の法則《ほうそく》」
特別支援学級《とくべつしえんがっきゅう》「感動《かんどう》の教室《きょうしつ》」づくり
定石《じょうせき》&改革《かいかく》ポイント

2018年12月20日　初版発行

著　者　小野隆行
発行者　小島直人
発行所　株式会社 学芸みらい社
〒162-0833 東京都新宿区箪笥町31 箪笥町SKビル3F
電話番号：03-5227-1266
FAX番号：03-5227-1267
HP：http://www.gakugeimirai.jp/
E-mail：info@gakugeimirai.jp
印刷所・製本所　藤原印刷株式会社
ブックデザイン　吉久隆志・古川美佐（エディプレッション）

落丁・乱丁本は弊社宛お送りください。送料弊社負担でお取り替えいたします。
©Takayuki ONO 2018 Printed in Japan
ISBN978-4-908637-98-8 C3037

学芸みらい社の好評既刊

日本全国の書店や、アマゾン他の
ネット書店で注文・購入できます！

大好評シリーズ！ **小野隆行**（岡山市立西小学校勤務／
日本の特別支援教育を牽引する若手リーダー）

「トラブルをドラマに変えてゆく教師の仕事術」

向山洋一氏（日本教育技術学会会長／TOSS代表）、推薦！
「特別支援教育で、日本で最も優れた実践をまとめた書。
小野先生の指導は生徒へのラブレター。これこそ教師の仕事だ！」

褒められる場面を積極的に作りだし、努力は報われることを教える。脳科学にもとづく適切な指導と対応により、発達障害の子どもたちも、その周りの子どもたちも一緒に変わっていく――。話題のシリーズ5点！

通常学級のなかでどのように発達障害の子を伸ばすか。同時に、発達障害の子だけではなく、周りの子をどう指導していくか――。10年を超える研究成果をまとめた実践の書。シリーズ第１弾。
978-4-905374-46-6　C3037
発達障がいの子がいるから素晴らしいクラスができる！
A5 判並製　232 ページ
大好評
5刷！

その指導のどこが足りないのか？　間違えたことをした時の謝り方、給食の片づけ方、掃除の工夫、等々。「ここ」を押さえると子どもは変わる――という指導のポイントを伝える。シリーズ第２弾。
978-4-908637-26-1　C3037
特別支援教育が変わるもう一歩の詰め
A5 判並製　176 ページ

なぜ教室が荒れるのか？　全員がそろうまで待たない。怒鳴ると子どもの脳に異変が起こる、等々――。荒れ、トラブル、いじめにフォーカスし、規律ある学級を作るポイントを伝える。シリーズ第３弾。
978-4-908637-27-8　C3037
喧嘩・荒れ とっておきの学級トラブル対処法
A5 判並製　184 ページ
2刷

「困難さに応じた指導」「指導内容・方法の工夫を計画的、組織的に行う」。この２つのポイントをおさえた困難事例への対応策、保幼小中連携など、新指導要領に応える実践を紹介。シリーズ第４弾。
978-4-908637-59-9　C3037
新指導要領に対応した特別支援教育で学校が変わる！
A5 判並製　200 ページ

「特支援教育＝特別な子」ではない！　変わるべきは教師だ。先生方に力と勇気をあたえ、学校全体を確実に変えてゆく、特別支援教育の研修を柱とした学級・授業づくり、30の秘訣。シリーズ第５弾。
978-4-908637-86-5　C3037
特別支援教育の校内研修で学校が変わる！「ユニバーサルデザインの学級・授業づくり」ポイント30
A5 判並製　136 ページ

各巻 定価：本体2000円（税別）

学芸みらい社の好評既刊
日本全国の書店や、アマゾン他の
ネット書店で注文・購入できます！

特別支援教育
重要用語の基礎知識

小野隆行［編］

絶対必要な医学用語・教育用語
スッキリ頭に入る“厳選206語”

5大特徴
①学校に必要な医学用語・教育用語を完全網羅
②指導に生かせる最先端の研究成果を集約
③子どもたちへの効果的な指導法・支援法を紹介
④校内支援体制のモデルを紹介
⑤特別支援関連の法律・制度・研究機関情報

～特別支援教育の最先端情報を知ると～

全国どの教室でも起こりうる状況の打開策、
本人・保護者・担任も納得の解決策が見つかる！

B5判並製　232ページ　176ページ
定価：本体2700円（税別）
ISBN978-4-908637-73-5　C3037

忽ち重版！

【本書の内容】

1　どこへ向かう――これからの特別支援教育
2　これだけ知っておけば大丈夫！　特別支援教育法律・制度
3　教室の子どもたちの障害――どんなことが考えられるか
4　発達障害はどういう障害なのか
5　医療のアプローチ――どんなものがあるか
6　特別支援が必要な子どもへの配慮――授業・環境編
7　特別支援――これならできる校内研修システム
8　特別支援教育で受けられる専門職のトレーニング支援
9　特別支援教育関連研究機関情報

学芸みらい社の好評既刊

日本全国の書店や、アマゾン他のネット書店で注文・購入できます！

新学習指導要領における特別支援教育・体育指導のスキルをどう改善していけばよいのか。
1「ユニバーサルデザイン授業」を目指した体育指導
2特別支援教育と体育の融合で効果的なアプローチを考える
それには、●姿勢・動作・運動のつまずきの背景にある「初期感覚」を育てる
●運動の「基礎感覚」を育てる
●焦点化・視角化・共有化を誰でも出来るようになる指導法
を中心に、全単元での指導ポイントを網羅！

発達障害児を救う体育指導

激変！感覚統合スキル95

◆根本正雄：編
◆小野隆行：指導

B5判ソフトカバー　176ページ
定価：本体2300円（税別）
ISBN978-4-908637-56-8

【本書の内容】

1章　特別支援が必要な子の「感覚」を知る
2章　特別支援が必要な子に配慮した教師のマネジネント
3章　特別支援が必要な子を学級集団に巻き込む授業設計
4章　「体つくり運動」苦手兆候と克服する指導ポイント
5章　「マット運動」苦手兆候と克服する指導ポイント
6章　「鉄棒運動」苦手兆候と克服する指導ポイント
7章　「跳び箱運動」苦手兆候と克服する指導ポイント
8章　「陸上運動」苦手兆候と克服する指導ポイント
9章　「水泳」苦手兆候と克服する指導ポイント
10章　「ボール運動」苦手兆候と克服する指導ポイント
11章　「表現運動」苦手兆候と克服する指導ポイント
12章　「縄跳び運動」苦手兆候と克服する指導ポイント
13章　ソーシャルスキルの指導
14章　体育授業に生かす感覚統合チェックリスト

忽ち重版！

学芸みらい社の好評既刊
日本全国の書店や、アマゾン他のネット書店で注文・購入できます！

若手なのにプロ教師！ 新指導要領をプラスオン
新・授業づくり&学級経営
365日サポートBOOK

学年別 全6巻

監修：谷和樹
（玉川大学教職大学院教授）

「子どもに尊敬される教師になろう！」
いかなる時代の教育にも必須のスキルに加え、新指導要領が示す新しい提案をプラスオンする本シリーズで、教室の365日が輝く学習の場になり、子どもの姿が頼もしく眩しい存在となるだろう。
――向山洋一氏（日本教育技術学会会長／TOSS代表）、推薦！――

巻頭マンガをはじめカラーページも充実！

谷和樹氏「刊行の言葉」より
新採の先生が1年もたずに退職。ベテランでさえ安定したクラスを1年間継続するのが難しい時代。
指導力上達の道筋を「具体的なコツ」で辞典風に編集！
プロとしての資質・能力が身につく「教師のための教科書」。

【本書の内容】「グラビア①：まんがで読む！各学年担任のスクールライフ」「グラビア②：各学年のバイタルデーター＝身体・心・行動」「グラビア③：教室レイアウト・環境づくり」「グラビア④：1年間の生活習慣・学習習慣づくりの見通し」「1章：新指導要領の発想でつくる学期別年間計画」「2章：学級経営＝学期＆月別プラン・ドゥ・シー」「3章：若い教師＝得意分野で貢献する」「4章：実力年代教師＝得意分野で貢献する」「5章：新指導要領が明確にした発達障害児への対応」「6章：1年間の特別活動・学級レクリエーション」「7章：保護者会・配布資料　実物資料付き」「8章：対話でつくる教科別・月別・学期別　学習指導ポイント」「9章：参観授業＆特別支援の校内研修に使えるＦＡＸ教材・資料」「10章：通知表・要録に悩まないヒントと文例集」「11章：ＳＯＳ！いじめ、不登校、保護者の苦情」「附章：プログラミング思考を鍛える＝「あの授業」をフローチャート化する」

パッと見れば、どのページもすぐ使える。
365日の授業、完全ナビ！

B5判並製
各巻208～240ページ
定価：本体2800円+税